Tucholsky Wagner Zola Scott Sydow Freud Schlegel
Turgenev Fonatne
Wallace
Twain Walther von der Vogelweide Fouqué Friedrich II. von Preußen
Weber Freiligrath Frey
Fechner Kant Ernst
Fichte Weiße Rose von Fallersleben Richthofen Frommel
Hölderlin
Engels Fielding Eichendorff Tacitus Dumas
Fehrs
Faber Flaubert
Eliasberg Ebner Eschenbach
Feuerbach Maximilian I. von Habsburg Fock Eliot Zweig
Ewald Vergil
Goethe Elisabeth von Österreich London
Mendelssohn Balzac Shakespeare
Dostojewski Ganghofer
Trackl Lichtenberg Rathenau Doyle Gjellerup
Stevenson
Mommsen Tolstoi Hambruch
Thoma Lenz Hanrieder Droste-Hülshoff
Dach Verne von Arnim Hägele
Reuter Hauff Humboldt
Karrillon Garschin Rousseau Hagen Hauptmann Gautier
Defoe Baudelaire
Damaschke Descartes Hebbel
Hegel Kussmaul Herder
Wolfram von Eschenbach Schopenhauer
Darwin Dickens Rilke George
Bronner Melville Grimm Jerome
Campe Horváth Aristoteles Bebel Proust
Bismarck Vigny Voltaire Federer Herodot
Gengenbach Barlach Heine
Storm Casanova Tersteegen Grillparzer Georgy
Chamberlain Lessing Langbein Gilm
Brentano Gryphius
Strachwitz Claudius Schiller Lafontaine
Katharina II. von Rußland Bellamy Schilling Kralik Iffland Sokrates
Gerstäcker Raabe Gibbon Tschechow
Löns Hesse Hoffmann Gogol Wilde Vulpius
Luther Heym Hofmannsthal Gleim
Klee Hölty Morgenstern
Roth Heyse Klopstock Goedicke
Luxemburg Puschkin Homer Kleist
La Roche Horaz Mörike Musil
Machiavelli
Navarra Aurel Musset Kierkegaard Kraft Kraus
Nestroy Marie de France Lamprecht Kind Kirchhoff Hugo Moltke
Laotse Ipsen Liebknecht
Nietzsche Nansen
Marx Lassalle Gorki Klett Ringelnatz
von Ossietzky May Leibniz
vom Stein Lawrence Irving
Petalozzi Platon Pückler Knigge
Sachs Poe Michelangelo Kafka
Liebermann Kock Korolenko
de Sade Praetorius Mistral Zetkin

Der Verlag tredition aus Hamburg veröffentlicht in der Reihe **TREDITION CLASSICS** Werke aus mehr als zwei Jahrtausenden. Diese waren zu einem Großteil vergriffen oder nur noch antiquarisch erhältlich.

Symbolfigur für **TREDITION CLASSICS** ist Johannes Gutenberg (1400 — 1468), der Erfinder des Buchdrucks mit Metalllettern und der Druckerpresse.

Mit der Buchreihe **TREDITION CLASSICS** verfolgt tredition das Ziel, tausende Klassiker der Weltliteratur verschiedener Sprachen wieder als gedruckte Bücher aufzulegen – und das weltweit!

Die Buchreihe dient zur Bewahrung der Literatur und Förderung der Kultur. Sie trägt so dazu bei, dass viele tausend Werke nicht in Vergessenheit geraten.

Düsseldorfer Gemäldebriefe

Wilhelm Heinse

Impressum

Autor: Wilhelm Heinse
Umschlagkonzept: toepferschumann, Berlin

Verlag: tradition GmbH, Hamburg
ISBN: 978-3-8424-9055-0
Printed in Germany

I. Über einige Gemälde der Düsseldorfer Galerie

Aus Briefen an Gleim von Heinse

Das Leben des Apelles, lieber Vater Gleim, woran Sie mich von neuem erinnern, wird wahrscheinlicher Weise unter meinen alten Planen liegen bleiben; vielleicht wär es auch das nicht geworden, was Ihre Liebe davon ahndete. Die Idee dazu hat den Reiz der Neuheit für mich verloren, die immer stärker quellende Fülle, die sie damals hatte, als ich in jenen unvergeßlichen Morgen eines ganzen Mai mit Ihnen unter Ihren blühenden Bäumen, wo die Nachtigallen alt und jung schlugen, den Himmel sich röten sah, im Purpurfeuer flammen, und das Leben Gottes in dem fruchtbaren Strahlenregen hervorbrechen. Lassen wir es; wir haben Genuß genug davon gehabt in jenen seligen Augenblicken, wo wir ganz in der Phantasie unter den Griechen lebten, voll der Helden Plutarchs; im Tempe herumwandelten, den Ossa und Pelion bestiegen, und den Olymp, und die herrliche Natur um uns her sahn; durch Stadt und Land strichen, mit Weisen, Künstlern und Mädchen uns besprachen, und das glücklichste Jahrhundert träumten; und segelten durch die schönen Inseln des Archipelagus gen Kos zu dem Volke des Apelles und Hippokrates; und von da an den Küsten von Kleinasien landeten, und in Ionien herumschwärmten bis auf den Gipfel des Ida zu dem Vater Zeus des Homer. Wie gestärkt und gleichsam vergöttert wir da wieder herunter stiegen in die quellenreiche Täler, mit dem Heere des Alexander zogen, und Persien erobern halfen, und nach Ephesus mit ihm kamen in die Werkstätte des Künstlers, und bei der unvergleichlichen, einzigen Scene in der Geschichte mit der reizenden Kampaspe waren, die Noverre in seinem lieblichsten Zaubertanz wie Anadyomene wieder erweckt hat.

Ja wahrlich unvergeßlichen Morgen, so lang ich gedenken mag! die wir zum Teil in den heiligen Überbleibseln der Sonnentempel des teutschen Altertums, auf den Gebürgen des Harzes zubrachten, wo wir, wann die furchtbaren Horste der Adler heiß zu werden begannen, in die grünen schattichten Täler uns herunter begaben, an die klaren Bäche, worinn Sie in Ihrer Jugend badeten, und mit Klopstock, Ebert, Kramer, und den andern Herrmannskindern, wie die großen Menschen des Homer und Oßian, sich des Lebens freuten; wo wir nichts von Zeit wußten, und Abend und Morgen und der andere Tag wie an einander gequollen fortrann, ohne daß wir's merkten; wo Sie in weniger als einem Monat, und unter Geschäften, Ihr unsterbliches Halladat anfingen und vollendeten.

Damals war meinem leichtern Jugendgeist alles möglich. Izt aber bin ich ein wenig älter geworden, und streiche, fern vom Parnaß, in den Labyrinthen des sündlichen Lebens der argen bösen Welt herum. Ich weiß nicht mehr so viel von Griechenland, als ich damals fühlte; die Geschichte seiner kleinen Republiken ist mir in Dämmerung gegangen; und von dem häuslichen Leben darin hab ich wenig mehr Sitte, als in den vom Terenz afrikanisch römisierten Komödien des Menander sich befindet; und ich erröte beinah wie ein Professor in der Zeitung, wenn ich dessen Verschnittnen lese. Weiß wenig mehr von der Art und Weise, wie ihre Künstler arbeiteten, als was in meiner Postille *Plinius* steht. Kurz, mein Dämon und meine Phantasie sind einander in die Haare geraten, und jener will sich nicht mehr an dem heiligen mitternächtlichen Gefühl begnügen, und Gesicht und Tag und Wort haben; und der Himmel weiß, wie die Balgerei ablaufen wird.

Doch Scherz bei Seite. Ich bin überzeugt davon, daß sich wenig mehr über die wirkliche Malerei der Griechen sagen läßt, als Märchen, trockne Nachrichten, und Schwärmereien der Phantasie darüber, die keinen andern sonderlichen Erfolg haben können, als irgend Gestalten, wie Sancho's purpurne und himmelblaue Ziegen am Himmel, denen in ihren Erbauungsstunden, die noch nicht aus Erfahrung wissen, daß es nicht wohl purpurne und himmelblaue Ziegen geben könne. Wer will sich eine sinnliche Vorstellung machen von der Eigenheit der Gemälde des Parrhasius und Apelles, da wir keine mehr von ihnen haben; da wir, außer einigen außerwesentlichen Anekdoten, nicht einmal umständliche Beschreibungen von den Ideen und Zusammensetzungen derselben haben? Da uns nur einige dunkle und meist unverständliche Nachrichten von ihrer Weise zu malen übrig geblieben, und überhaupt kein einziges Stück von den Meistern der guten Zeit, sondern bloß etliche verschimmelte römische Mauerfragmente, woraus wir vielleicht auf sie schließen können, wie von einem heutigen Holländer auf Raphaelen. Alles, was man tun kann, ist, sich unter das griechische Volk hinstellen, und mit helfen bewundern.

Außerdem hat jede Kunst ihre Grenzen, über welche keine andere Eroberungen machen kann. Malerei, Bildhauerei und Musik spotten in ihren eigentümlichen Schönheiten jeder Übersetzung; selbst die Poesie, die allergroßmächtigste, muß dahaußen bleiben. Verloren ist verloren. Wer Gabrieli nicht selbst hört, wird sie weder durch eine andre, noch durch Noten hören; eben so mit dem Apelles.

Ich kann Keines Zunge mit der schönsten und feurigsten Stanze einen Römer Tränen Christi zu trinken geben.

Werde dies sichere Eigentum jeder Kunst itzt immer mehr gewahr durch die Erfahrung, da ich meine Nachmittage, während der Abwesenheit meiner Jacobi, meist auf unsrer Galerie zubringe.

Ich bin bei Tische von einem jungen Maler aus M** guter Freund geworden, der den Sommer über darauf zu seinem Vergnügen kopiert, und in jeder Rücksicht mir der angenehmste Gesellschafter von der Welt ist. Er hat, noch von der Amme getragen, durch einen Kanonenschuß das Gehör verloren, und ist davon so taub und stumm geblieben, als ob er taub geboren wäre. Kann weder buchstabieren, noch lesen; und hat doch so viel Mutterwitz und Verstand, Beobachtungsgeist und Gestaltenkenntnis mit seinem Auge und Gefühl sich zuwegegebracht daß er Engelländer, Franzosen und allerlei Menschenkinder damit ergötzt. Wir reden miteinander bloß durch Zeichen; und ich bin darin nach und nach so fertig geworden, und das geht so schnell und bequemlich von statten, daß es mir lästig wird, wenn ich mich wieder der Worte bedienen soll, und ich alle die Wunderdinge begreiflich finde, die die Alten vom *Roscius* erzählen. Sie bestehen fast durchgehens in dichterischer, malerischer, höchstsinnlicher Darstellung vom Donner an bis zum leisesten Mädchenseufzer; und der Nacht bis zur Morgendämmerung und der aufgehenden Sonne. Eine herrliche Unterhaltung; wogegen alles Gesprächsel mit Worten zur schalsten Prose wird. Er ist übrigens, das äußerliche Ceremoniel abgerechnet, beinahe ein Wilder, wie aus dem Zeitalter, wo die Menschen noch Eicheln aßen, und mit der Natur und den Tieren in Gemeinschaft lebten; und weiß von allen den Vorurteilen und Unnatürlichkeiten wenig, die wir durchs Gehör und in den Schulen erhalten; weswegen seine Einfälle manchem auch oft so unerwartet kommen, wie ein helles Licht in der

Nacht vors Bette. Ich habe mehr bei ihm vom Menschen erfahren, als bei hundert andern. Jetzt wollen sie ihn nach Paris schicken, wo er bei einem Abt sprechen lernen soll; und das tut mir ungemein leid. Er hat die unverdorbene Stärke unsrer Vorfahren, und vermag zinnerne Teller mit dem Daumen und Zeigefinger zusammen zu rollen, wie ein Rebenblatt; wenn ihm nur dort die Dalilaen nicht die Haare abschneiden! In seinen Zustand hat er sich geduldig ergeben, und ich habe ihn nie mißvergnügt darüber gesehen, außer wo ihn ein schönes Mädchen nicht verstand; im Gegenteil ist er, wie überhaupt alle Stummen und Tauben sein sollen, immer äußerst aufgeräumt: und voll Scherz und Hogarthischer Laune. Er verträgt sogar Spott darüber, ob er gleich jähzornig ist, und sein Grimm Löwengrimm. Er ist ein starker Fechter und Reiter, und tanzt sehr gut ein Menuett, wobei er sich nach seiner Dame richtet; überhaupt in allen Leibesübungen behend und geschickt. Seine Zeichen weiß er so voll Ausdrucks zu machen, und mit so viel Anmut, daß ihn jeder Kluge sogleich verstehen muß; er reist deswegen auch über Land, und kömmt ohne Dolmetscher wohl an Ort und Stelle und wieder zurück. Sein Haupthülfsmittel ist, daß er die Namen von einigen Orten und Menschen sehr schön schreiben kann, jedoch ohne sie lesen zu können. Er versteht dadurch ein wenig Geographie, hat dabei ein reines volles Gefühl von der Erdkugel überhaupt und dem Sonnensystem, und weiß viel von der neuern Geschichte. Schreibt, zum Beispiel, mit dem Finger auf den Tisch *Amerika, Engelland, Frankreich, Spanien, Portugall, Afrika*; und erklärt denn mit Zeichen und Deuten und Gebärden, alles lebendig, dichterisch, personificiert, die Politik und Absichten jeder dieser Mächte, und die Vereitlungen derselben, und wies nun weiter gehen wird; und macht alles so originalnaiv wahr, daß man überall zugegen ist. In seiner Kunst hat ers schon sehr weit gebracht. So weit im Vorbeigehn von diesem *Ingenu*; ein andermal insbesondere von ihm.

Mit diesem geh ich denn, wie gesagt, von der Mittagsmahlzeit meist auf die Galerie, und studiere mit ihm da, und schreib Ihnen itzt hier an einem schönen marmornen Tisch, indes er an einem Blumenstück malt, um sich auch hierin zu versuchen.

Wir haben eine Sammlung von Gemälden, dergleichen sich kein Ort in Teutschland rühmen kann, selbst Dresden nicht ausgenommen; und wenn in Griechenland eine Stadt schon wegen einer Bildsäule, oder eines Gemäldes von einem ihrer großen Meister, berühmt war: was sollte Düsseldorf nicht sein durch ganz Europa, wenn die Kunst noch so geschätzt würde, und noch so in Ehren stünde? Auch reisen die Engelländer, noch die ersten Menschen ohngeachtet aller ihrer Unarten, in Menge hieher, bloß um sie zu betrachten. Gewissermaßen gereicht es den Aufsehern zur Unehre, daß noch keine Beschreibung, nicht einmal eine Anzeige von diesem Schatze da ist; jedoch wird itzt dafür gesorgt. Unser Director ist ein Teutscher, der seine Jugend ganz in dem schönen Italien zugebracht hat, und Professor der Malerschulen zu Rom und Florenz, und ganz von der Heiligkeit und Würde seiner Kunst durchdrungen ist, und jeden trefflichen Pinselstrich in den Fingerspitzen fühlt. Die Sammlung ist nicht so zahlreich, wie andre, enthält aber dafür destomehr Meisterstücke; und ich will lieber den Homer, Pindar, Shakespear, Ariost, Horaz und Ihre Schlacht bei Zorndorf haben, als tausend andre, und diese missen: doch auch nicht klein, da sie an die vierhundert Stücke enthält; worunter verschiedene sehr große sind, als einige 22 Fuß hoch und 14 Fuß breit. Die Galerie besteht aus fünf Sälen: drei großen und zween kleinen. Die Aufstellung der Gemälde ist sehr wohl geordnet, und macht das schönste Schauspiel, das man sehen kann.

Unsere Malerakademie könnte noch mehr, bei dem hießigen und Mannheimer Schatz von Gemälden, eine der ersten in Teutschland sein, und wird leicht eine der ersten Schulen mit Rom und Florenz in der Welt werden; es fehlt nur den jungen Lehrlingen noch ein Lehrer in der Geschichte der Kunst, und der Unterricht erstreckt sich meistens bloß auf das gegenwärtige mechanische. Aber wo hernehmen, da die Winkelmanne selten sind, und selbst Rom keinen hat, und Mengs mehr sein muß als Lehrer der Kunst, und die andern, die es sein könnten, das nicht sein wollen! Das übrige ist sowohl bestellt, wie möglich. Pfalz ist, in jeder Betrachtung, ein glückliches Land, und die Ufer des Rheins bieten den in vielen andern Gegenden in der Irre gehenden Musen einen reizenden und sichern Aufenthalt an. Der Fürst ist ein wahrer Vater seines Volks, unterstützt die Talente, und zieht sie aus dem Staube hervor; ist selbst ein großer Meister und Kenner, und überzeugt davon, daß die schönen Künste die Glückseligkeit der Menschen allein verstärken und veredeln; hat Mäcene zu Ministern, die den Teutschen hold sind, und echtes Patriotengefühl haben. Die Oper zu Mannheim, die mit teutschen selbst erzogenen Sängerinnen besetzt ist, würde zu Neapel bewundert werden; und die Instrumentalmusik daselbst ist vielleicht itzt die erste in der Welt. Doch, was sag ich Ihnen Dinge, die jedermann weiß?

Ich wollte hier schließen; aber Sie würden mir es nicht verzeihen, wenn ich ihnen auch nicht von Einem Gemäld etwas gesagt hätte. Ich will also versuchen, ob ich Ihnen eine Beschreibung nur von einem halben Dutzend Madonnen zu machen, und die himmlischen Gestalten derselben Ihrer Phantasie in ferner Dämmerung mit Worten zu zeigen vermag; da die Allgegenwart Ihres hohen Dichtergenius mir's sehr erleichtern wird.

Doch dies morgen; da die Sonne schon untergegangen ist, der Abend hernieder sich senkt, es dunkel zu werden beginnt, und mein lieber Stummer mir mit dem Schlüssel das Zeichen zum Aufbruch gibt.

Bin eben mit einem heitern und leichten Morgenrot wieder wach geworden, guter Vater, das mir, wo nicht so schön, wie die oben erwähnten, doch lieber war, als mancher heiße Tag in meinem Leben; durchsehe, was ich Ihnen gestern geschrieben, und es hat dabei sein Bewenden. Apelles unterbleibt, und Sie sollen heute die Madonnen haben; gut oder nicht gut, wies aus meiner Sprache werden kann. Eh es aber Nachmittag wird, und ich auf die Galerie gehe, will ich Ihnen, da ich aufgeräumt genug dazu bin, eins und das andere über Malerei und Schönheit überhaupt zur Prüfung vorlegen, (jedoch ohne für itzt die Grenzen und das Eigentümliche jeder Kunst zu berühren, welches mich zu weit führen würde) wo sie mich, wenn ich fehlen sollte, so gut, als irgend einer, zu rechte weisen können, da Sie ein Schüler des großen Baumgarten waren. Ich geh es weder für alt noch neu aus, da ich junger Wildfang so eben beides nicht weiß, noch wissen mag; es soll nur eine Morgenrhapsodie für Sie und für mich sein, eine Stufenbergische Spazierfahrt. Will wie Quell entspringen, ohne mich zu bekümmern, ob schon Wasser genug da ist, oder reinerer oder vollerer, Rheinquell, oder Quell von Donau. Das wäre eine ungeheure Bekümmernis für mich, wenn ich in jeder Maulwurfsecke darnach mich umsehen sollte. Und überhaupt dächt ich, die vornehmen Teiche sollten so was nicht übel nehmen; ihre Forellen und Karpen würden ja ohne dies sonst abstehn.

Die Malerei ist, obenhin betrachtet, Darstellung der Dinge mit Farben. Die Farben sind dem Maler folglich das, was die Worte dem Dichter, und die Töne dem Virtuosen sind: also Stoff – die Bedeutung, das Wesen. Die Farben mit allem dem, was dazu gehört, machen den mechanischen Teil derselben aus: Bedeutungen den höhern; das die Kunst, was Aristoteles Metaphysik nannte. Stoff ist immer da, und jedweder kann sich einigen Besitz davon mit Fleiß und Mühe verschaffen; Wesen, Geist, Seele, Idee, neue Erfindung: das muß geboren werden, wachsen, blühen und reifen; läßt sich nicht durch Fleiß und Mühe erringen; kann höchstens gepflegt und gebildet werden. Aber wo nichts ist, wird nichts; das bleibt ewig wahr, ohngeachtet aller Sophistereien des Helvetius. Verschiedenes Wesen ist Rang der Natur; Anteil am Stoff, größerer oder kleiner, gibt keinen; empfängt ihn allein von dem Wesen, wodurch er lebendig wird; sonst würden hundert Alpenadler von einem polnischen Ochsen gewogen.

Also auch in der Malerei: zuvor das Göttliche, *Idee* und *Zusammensetzung*. Dann *Zeichnung:* Form, Gefäß des Göttlichen, Leben; dann Erscheinung daraus, *Kolorit:* Puls und Lebenswärme. Die wesentlichsten Stücke der Kunst, ohne die das Göttliche nicht bestehen kann. Dann *Licht und Schatten:* Stellung in die Welt, Lebensatem; Zeit und Tag und Stunde und Augenblick, Gegenwart, Scene und Anordnung. Dann *Bekleidung;* höchste Täuschung.

Mangel an Stoff ist Armut, und kann noch liebenswürdig sein, wie Jones verlassen in der Irre zwischen London, ohne Geld und Habe – ein junger großer Künstler ohne Beistand. Kann groß sein und fürchterlich: wie der nackte Gipfel des Aetna in Schnee und Flammen und Staubwolken und Strömen von glühender Lava. Stoff ohne Wesen in der Kunst, ist Tod ohne Verwesung; das allerelendeste, was da ist.

Zeichnung, Kolorit, Licht und Schatten sind gleich schwer; das letztere insonderheit erfordert das feinste dichterischeste Gefühl. Das Kapitel von der Farbengebung ist unendlich und unerschöpflich, und hat noch mancherlei Plätze für Originalkoloristen unter Tizian. Richtige Zeichnung verlangt das stärkste Gefühl, das keine Oberfläche hemmt, und das scharfsinnigste Auge. Die Malerei ist die schwerste unter allen Künsten, weil keine so weiten Umfang hat, wie sie; weil keine so von der heißesten Sommersonne bis auf den letzten Flimmer des Lichts, und von der äußersten Kraft des Herkules, und dem Brüllen des Löwen, bis auf das erste Wimmern des Kindes, keine so die ganze unermeßliche Natur in sich hat, und keins sich auf das augenblicklichste Dasein so einschränken muß. Apelles war mehr, als Menander, und Raphael mehr als Ariost. Nur der unwissendste Phantast kann von der Malerei als einer bloß kurzweiligen Kunst reden. Sie ist für den gefühlvollen Menschen die erste unter allen; gibt *Dauer völligen Genußes ohne Zeitfolge.*

Ein Gemälde, das die und den nicht gibt, ist *ein Gedicht ohne Poesie.* Freilich sind auch in der Malerei der Prosaisten ungleich mehrere, als Pindare und Alkaioße, und werden leider eben auch oft den wahren Meistern von dem unwissenden Haufen vorgezogen; und man muß selbst zuweilen in das Hymen! o Hymen! Hymen!

o Hymen! o Hymen! mit einstimmen, um sich nicht verhaßt zu machen, und für einen Erzschnittler[1] gehalten zu werden. Nur wenig Menschen haben in ihrem Leben viel und mancherlei Genuß, und nur die edelsten haben den der höhern Freuden. Und unter diesen beiden Klassen sind wieder nur wenige von so lebendiger Phantasie und unruhigem Herzen, daß sie den überaus feinen Augensinn in Gefühlsinn verwandeln, sich täuschen lassen, und wie von wirklicher Gegenwart ergriffen werden könnten.

Die erste Eigenschaft des Wesens ist Vollkommenheit; oder Vollkommenheit und Wesen einerlei. Vollkommenheit, Wort, Wesen, Leben. Sinnlichkeit, Gestalt derselben; ist Schönheit oder Häßlichkeit, Harmonie, oder Disharmonie dazu (nicht Melodie: denn diese ist an und für sich nicht schön, wenn wir uns nicht in den Begriffen verwirren wollen; sondern bloß Gang, Bewegung, Ausdruck der Schönheit, die sie mit sich führt, und selbst sich bildet). Keim ist schön, Blüte ist schön, und Frucht ist schön, wenn Keim vollkommne Blüte, und Blüte vollkommne Frucht werden kann. Mit der Frucht hat die Schönheit ein Ende. Häßlichkeit ist Abbiß, Saftlosigkeit, Mehltau und Wurmstich. Und ich, würde hier mancher denken, aus ***, oder der andere Jacob Böhme. Also nach der Logik!

Schönheit ist Übereinstimmung mit Vollkommenheit (äußere Übereinstimmung mit innrer Vollkommenheit) ohne Fremdes, ohne Zusatz versteht sich von selbst. *Schönheit ist unverfälschte Erscheinung des ganzen Wesens, wie es nach seiner Art sein soll.* Flecken darin, toter Stoff, ist der Anfang des Häßlichen. Sie verträgt keine Vermischung, wenn sie nicht so eins geworden ist, wie die verschiedenen Farben im Sonnenstrahl; ist Reinheit für das Auge, Einklang für das Ohr, Rosenduft für die Nase, klarer Hochheimer Sechsundsechziger für die Zunge, und junge cirkaßische Mädchenbrust für die liebewarmen Fingerspitzen. Schönheit ist Dasein der Vollkommenheit; und die Berührung des Sinnes derselben, Genuß der Liebe.

---

[1] Das echte vaterländische Wort für Krittler, das noch in verschiednen Provinzen, und durchaus im Thüringer Wald gang und gebe ist; und einen Menschen bedeutet, dem nichts völlig recht ist, der die jungen Bäume so lange ausputzt und ausschneidet, bis daß sie keine Schönheit mehr haben, und verdorren müssen.

Schönheit ist größer oder kleiner, je nachdem mehr Mannigfaltigkeiten in ihre Einheit stimmen. Apfel, Baum. Fliegenschnäpper, Adler. Auster, Löwe, Mensch. Schönheit ist Alcibiades und Lais. Hohe Schönheit die Erdkugel. Höhere Schönheit die Sonne mit ihren um sie herumschwebenden Planeten. Höchste Schönheit die unermeßliche Natur in den ungeheuren weiten Räumen des Aethers mit ihren heiligen furchtbaren Kräften, die bis in den kleinsten Staub sich regen, und ewig lebendig sind. Von Gott können wir Menschen nicht wohl sagen, wie Mengs und Winkelmann, daß er die höchste Schönheit habe, da wir ihn in keinem Wesen gedenken können, und er lauter Körper und Vollkommenheit ist; wenn man nicht die ganze Natur für sichtbarliche Erscheinung Gottes halten darf.

In der Kunst also würde die Folge sein: Tyrolerinnengesang, Choral, Kirchenstück, Oper – Lied, Ode, Schauspiel, Heldengedicht – Haus, Bensberg, Peterskirche, Venedig – Portrait, Landschaft, heilige Familie; das kleinere jüngste Gericht von Rubens.

Wenn ich mich der Worte hohe Schönheit, höhere, höchste Schönheit bediene, so geschieht es nach dem Redegebrauche; da im strengen Verstande *Schön* keine Steigerung gestattet, und immer auch höchst schön sein muß; keinen Mangel leidet; noch Flecken und Mißlaut an und in sich hat. Das Schöne kann *zusammengesetzter* werden, kann *wachsen*, kann *verstärkt* werden, aber nicht verschönert.

Wenn ich das tiefe C auf dem Flügel anschlage, so klingt bloß die zwote Quint (Duodecime) und die dritte Terz nach, und es entspringt für sich der *schöne* schwache einfache *Dreiklang*; der Keim der Harmonie, wenn ich so recht reden darf. Wenn ich hingegen den Urton der reinen herrlichen Erfurter großen Glocke, in gehöriger Ferne, (*zumal in der feierlichen Christnacht*,) höre, so klingen *alle Quinten und Terzen und Octaven bis in die höchste feinste Terz* nach, und dies ist derselbe *schöne Dreiklang*, allein in seiner höchsten Stärke; und der Stamm der Harmonie breitet seine schattichten Zweige aus, wie *die große Eiche der Edda,* und berührt mit dem Wipfel die Sterne (und die Engel schweben dazwischen hernieder, und singen ihr *Gloria in excelsis.*)

In dieser Eiche der Edda des Dreiklangs liegt das ganze Geheimnis der Natur. Jedes Tönchen, von den unendlichen, die aus dem Erze quellen, hat wieder seinen Dreiklang in sich. Wenn man der Glocke in die Nähe tritt, so ist es ein Rheinsturz bei Schaffhausen von Summsen und Brummen, und das Gehör wird, wie von einem Hagelgewitter, zerschmettert. Eben so gehts einem im Getümmel der Welt. Alles aber ist Harmonie, großer durchdringender Zug von Harmonie, *Werden, Sein, und Vergehen, und Wiederwerden*, ewig gebärende und ewig vergehende Harmonie; entzückender Dreiklang, der sich durch alle Welten verbreitet, und das Unermeßliche füllt.

Auf eben die Weise, nur umgekehrt, läßt sich das Übel in der Welt erklären. Gott ist das All der Harmonie, woraus alles entspringt; wie der *schöne starke Dreiklang* aus dem Grundton. Wenn man hingegen in *eben der Proportion* wieder zurückgeht vom äußersten, von der höchsten Terz (oder von der tiefsten, die nachklingt,) *so wird der leidende Dreiklang*, den die Tonkünstler den weichen nennen, *hervorgebracht*; die *Wehmut*, das *Bange* des Geschöpfes, die endliche *Leere*, der Sturz in die finstern Abgründe des Nichts bei jeder seiner Freuden, wo es sich von seinem Grundton, Urquelle, Schöpfer, Gott, entfernt.

Das Wesen dieser *schönen* oder *leidenden Dreiklänge*, so wie die andern Grundsätze der Harmonie, fühlten die Griechen gewiß inniger, als unsere Virtuosen, und hatten's in der Musik der Natur, denn wozu die andre? eben so weit, als in den andern Künsten gebracht. Zwar liefen die Schönheiten der Musik bei ihnen nicht, gleich den Windspielen, der Lust vor, wie sie zuweilen über die Saiten unsrer großen Geiger laufen; aber dafür eilten sie mit dem Kusse der Liebe, lauter reinen, süßen, frohen oder wehmütigen Klangs, ans Herz, und versetzten den Menschen unter die Götter.

Und so liegt denn bis in die feinsten, uns unbegreiflichen, unserm schärfsten Verstand entschwindenden Schwingungen der Luft selbständige Rege, Geist der Natur, wie im Größten; wie in Jahrtausende lebenden Alpengebürgen *Werden, Sein* und *Vergehen*, nur das Augenblicklichste, *Grundton, Quinte, Terz. Erstes Wehen der Schönheit aus dem Schoße der Nacht, des Unsichtbaren.*

Doch wieder zurück von dieser Ausschweifung!

Die schwankenden Begriffe von Schönheit kommen bloß davon her, weil wir spitzfündiger, als die Griechen, von äußerer Vollkommenheit, Schönheit und Güte dreierlei verschiedene Begriffe haben wollen, da sie doch im Grunde eins und dasselbe sind; und dann, weil wir nur das Schön zu benennen pflegen, was wir lieben, was wir fassen können mit unserm engen Sinn, womit wir uns vereinigen, eins werden mögten. Das andere ist uns unsichtbar, und so für jeden Sinn; und es kann nicht anders sein.

Dem Scythen ist weiter nichts schön an der jungen Aspasia, als was er an ihr für entzückend zum Beischlaf sich hält, obgleich das vielleicht nur Zeus mit der Juno auf dem Ida ist aus der Iliade ihrer Schönheit.

Deswegen ist der Mensch die schönste Gestalt für uns in der Natur; weil wir nicht einmal die Erde in ihrer Fülle, geschweige das Sonnensystem, geschweige die unzählbaren Sonnensysteme der Fixsterne, zu fassen vermögen. Der Löw, das Roß, der Hirsch, der Adler, in deren Leben und Empfindung wir mit aller unsrer Fabelkunst so wenig eindringen, würden zwar manches wider die Eitelkeit über unsre Gestalt noch einzuwenden haben, wenn sie reden könnten (wie etwa gleichsam Admiral Tromp gegen die Schönheit eines Amsterdamer Bürgermeisters, oder Tell eines Unterdrückers seines Volks) aber wir würden gewißlich doch auch über sie triumphieren, da sie mit Gewalt gestehen müßten, daß sie alle in unsre Einheit stimmen.

Nun aber Übergang von der metaphysischen Schönheit zur sichtbaren, aus dem Reiche der Vollkommenheiten in die wirkliche Welt.

Hier läßt sich wenig mit Daraufzeigen, und noch weniger mit Worten erklären. Wer das Gefühl des Schönen von Natur, und dem Leben seiner ersten Kindheit und Jugend nicht hat, wird es nie durch die spätere Betrachtung, und die Lehren der Weisen lernen; wenigstens wird es nie in ihm schaffen und wirken.

Schönheit des einzelnen Menschen.

Schönheit des Wilden: Schönheit seines Weibchens. Stärke, Mut, Behendigkeit und Klugheit: Lippen zum Kusse, süßes Auge, zarte

Hand, reifende Brust, kleiner rundlicher trockner Fuß, milde Frucht, wie Plato sagt, im Schatten gepflegt und erzogen.

Schönheit des gesitteten, gezähmten.

Monarch; Alexander, Caesar, Karl der große, Homer, Ariost, Shakespear. Praxiteles, Apelles, Raphael. Jomelli, Gluck. Plato, Lykurg, Machiavell. Soldat, Schiffer, Bauer, Bürger. Elisabeth, Aspasia, Lucretia. Perser, Grieche, Römer, Teutscher, Däne. Troß und Mann vom Steckenjungen an bis zum triumphierenden Imperator. Wer die *Eigenheiten* der Gestalten aller dieser vom Leben sich abempfunden hat, und wieder so darstellen kann, wenn er will, der rühme sich der höchste Meister in der Kunst zu sein; *alle Art von Schönheit* inne zu haben. Der ist noch nicht erschienen, und wird auch nicht erscheinen. Also einzelne Scenen, wie wir sie gelebt haben, mit scharfem Sinn gegessen und getrunken, mit gesundem Verstand verdaut, und mit *Phantasie* und *Kunst* was neues daraus erzeugt, ist alles, was wir vermögen und besitzen; dazu noch irgend ein Löwenmaul, eine Adlernase, ein Affengesicht, und Steigerung und Verminderung!

Das Weib kann leicht schöner sein, als der Mann, weil nicht so viel Mannigfaltigkeiten in dessen Einheit stimmen müssen; und der unwissende gerade Kerl schöner als Sokrates, dessen Schönheit nur höhere Wesen zu fassen vermögen. Junges Genie gibt sich deshalben meist mit Frauenzimmer ab, wie junge Virtuosen nur die ersten Grundsätze der Harmonie in Bewegung setzen. Der starke Mann allein gibt sich ans Schwere: Sophokles an den Oedip, Agesander an den Laokoon, Rubens an den sterbenden Seneca, Raphael an den Johannes; und erhält oft den Beifall nicht, den er vorher mit Läufen, Sprüngen, Terzen und Sexten, jungem Kolorit, von der unwissenden Menge hatte.

Volksschönheit.

Nationen, wie sie nach dem Range der Natur einander von Klima zu Klima folgen.

Die Griechen waren die schönsten Menschen, weil sie die vollkommensten waren, weil Klima, Verhältnis unter einander und gegen ihre Götter, Sitte zwischen Mann und Weib und Jung und Alt, Art zu leben – Sie wissen, wie weit ich das alles verstehe weil bei ihnen alles zur höchsten, zur reinen Vollkommenheit, und folglich auch Schönheit des Menschen blühte und reifte. Nach ihnen sind keine so vollkommne und schöne Menschen (*himmlische Melodien aus den reinsten Grundaccorden der Schönheit* gezogen) wieder gewesen, und folglich auch kein Phidias mehr, und kein Apelles, *da die Kunst sich nicht anders, als nach dem Volke richten kann, unter welchem sie lebt.* Wer kann Eichen pflanzen, wenn er keine Eicheln hat? Abzeichnen, abmalen, eben so was kann man wohl machen, wie das ist, was von ihnen da ist, aber nichts neues, wie sie. Das Vergraben und Wiederauffinden und Weißmachen bei Michel Angelo Buonarotti, und Mengs[2] beweist nichts, da keine Griechen entschieden. Wir sehen, um mich mit einem einzelnen Beispiele zu erklären, zuweilen schöne Fleischfarbe für trefflich nackend an, da vielleicht noch viel daran fehlt; da der Bube, der so sie hätte, vielleicht seinen Rücken nicht würde bewegen können: weil wir uns kein Gefühl für das Nackende von Kindheit an gemacht haben, und besser wissen, wie Röcke aussehen auf dem Rücken, als lebendige Haut. Die *Griechen* kannten durch ihre Bäder und Leibesübungen das Nackende, wie wir gleichsam teutsche Lettern in einem gedruckten Buche im Moment lesen können, und den Sinn darin verstehn; und wir hingegen kennen es oft bloß, als Lettern ohne Sinn und glauben ihn nach der Überschrift, nach dem Gesicht, Gewächs, und der Stellung, weil sie wie Worte aussehen.

Die hohen Bildsäulen, die uns von ihnen noch übrig sind, werden immerhin *wunderbar fremdschön* da stehn, als ein Zeugnis von der Jugend des menschlichen Geschlechts, ersten Mannheit und Jungfrauschaft, die nunmehr verstrichen sind, und nicht wieder kommen werden, so lange wir in dem Strome von ihrer Quelle fortlaufen. Und was sollen, was können wir anders tun, da es keine höhere Vollkommenheit, und höhere Schönheit geben kann, wie uns die Weisen sagen? Ein leidiges Flickwerk; wobei nichts bessers geschehen könnte, als daß der große Komet käme, das alte Weib Erde mit sich fortrisse in eine neue Sonnenbahn, wo sie unterwegs verbrannt würde, und wieder neu aus ihrer Asche hervorgrünte und blühte, und wieder voll jugendlichen Getümmels wäre.

---

[2] Von dem Gemälde Jupiter und Ganymed, welches Winkelmann als alt in der Geschichte der Kunst beschrieben.

Doch ich glaube nicht so ganz, daß dem also sei.

Die Schönheit der Erscheinung der griechischen Vollkommenheit im Menschen ist allein Empfindung und Genuß für den Edlen; mit Worten sie den Wintermännern darstellen zu wollen, (die *Wut und Ungestüm*, vollen Zug nach Schönheit überhaupt schon, was *Plato* und jeder gute Grieche *für das höchste und heiligste im Menschen*, für unmittelbaren Pindarischen Sturz und Stromgang der Gottheit hielt, für lächerliche Ausschweifung halten, oder für etwas verderbliches, und nichts reelles) ist einem Blindgeborenen, wie ich anderswo gesagt, ein schönes Mädchen vorspielen. Sie nachzubilden ist schon ein Meisterstück; *eigne*, die ihr gleich wäre, zu *erfinden*, der Stein der Weisen.

Jedoch, wenn einer sie auch aus sich hervorzuschaffen vermöchte; wer weiß, ob er die Wunder der griechischen Künstler damit verrichten würde. *Praxiteles stellte seine Phryne* in dem Tempel zu Paphos auf, in Marmor als Göttin der Liebe; und jedermann wurde von der Schönheit der Bildsäule entzückt und hingerissen. Lassen Sie uns auf die Natur zurückgehn, ohne welches alles in der Kunst leeres Geschwätz ist (was mich nie irre machen wird) und wenn es auch noch so meisterlich lautete. Der erste Grund des Entzückens war, weil die Männer, die sie betrachteten, vielleicht Phrynen von Angesicht zu Angesicht kannten. Der zweite, weil sie Mädchen kannten *von so schönem Gesicht, als das ihrige*, an den übrigen Teilen des Leibes bekleidet; und der letzte, bei wenigen die philosophische Betrachtung weiblicher idealischer Schönheit. Aus eben dieser Ursach muß ein Amor von Tizian die Italiener weit mehr entzücken, als uns Kinder der Unschuld (zumal in den verführerischen Stellungen, die sie meist bei ihm haben) und Winkelmann sagt in dieser vaterländischen Unschuld, daß er einen Florentiner, wenn ich mich recht entsinne, von antiquer Schönheit gesehen, *welches ihm aber doch die Damen nicht hätten glauben wollen*. Der Schwede sieht in der *Mediceischen Venus* ein Weib, von dessen gleichen er nie ein Gefühl im Herzen gehabt hat; und hält es also, *ohne den mindesten Grad der Täuschung* für ein wohlgeratenes Kunstwerk von *kaltem weißen Marmor* (wenn er Geschmack hat) und das Wunder wird an ihm zu Schanden, ärger prostituiert, da sie allein ist, als Juno und Pallas, nach der Fabel, beim Paris.

Meister, die sich an italienische Gestalt gewöhnt haben, können nicht begreifen, wie Rubens den tiefen Eindruck in alles Herz zu seiner Zeit gemacht habe, und noch bei Menschen mache, denen sie warmes inniges Gefühl der Schönheiten der Kunst nicht absprechen können; da er nicht ein einziges Mädchen gemalt, das nur mit einer hübschen römischen Dirne in einen Wettstreit der Schönheit sich einlassen könne. Lieben Leute, Wasser tut's freilich nicht! aber *Cramer* und *Frenzel* werden auch aus einer gewöhnlichen Geige gewaltigere und entzückendere Melodien ziehn, als kein andrer bloß guter Spieler aus der besten Cremoneser. Rubens hat, zum Beispiel nur, in seine besten Stücke meistens eine seiner Frauen zu einer der weiblichen Hauptfiguren genommen; und an diesen kannte er jeden Ausdruck der Freude und des Schmerzes, der Wehmut und des Entzückens, und alles Nackende. Dies wieder treffend, wie reine Erscheinung, dargestellt, mußte wirken, und noch wirken, und ewig wirken, so lang es währt; denn Leben allein wirkt im Leben. *Eine Donna von Venedig* war ihm nie *so* zum Gefühl geworden, noch weniger Lais und Phryne, die er nie mit Augen gesehn; und wer will außerdem von ihm verlangen, daß er an die Generalstaaten holländisch mit griechischen Lettern hätte schreiben sollen? Winkelmann vielleicht in seiner Schwärmerei; aber gewiß nicht, wenn er sonst bei guter Laune gewesen. Jeder arbeite für das Volk, worunter ihn sein Schicksal geworfen, und er die Jugend verlebt; suche dessen Herzen zu erschüttern, und mit Wollust und Entzücken zu schwellen; suche dessen Lust und Wohl zu unterhalten, zu verstärken, und zu veredeln, und helf ihm weinen, wenn es weint. Was geht uns Vorwelt und Nachwelt an? Jene ist vergangen, und diese Buben mögen sich zuvor an unsern Platz setzen, wenn sie uns richten wollen!

Ich muß mich kurz fassen, da es Mittag geworden ist.

Jedes Volk, jedes Klima hat seine eigentümliche Schönheit, seine Kost und sein Getränke; und wenn echter Achtundvierziger wilder Rüdesheimer nicht so reizend, oel und mark und feuersüß ist, wie *der seltne Klazomener an den mit frischen Rosenkränzen behangenen Betten der nachlässigen jungen Aspasia*, so ist er doch wahrlich auch nicht zum Fenster hinauszuschütten. Und desgleichen war Rubens sein Getränke, und seine Schönheit in Mann und Weib – Gewächs, das die dauernde Kraft von allen drei Jahrzeiten ist, und nicht ein leichter französischer Sommersonnendunst.

Die heilige Familie
Von Raphael

Eine frühe Blume schöner Einbildung! Eins der ersten Stücke von Raphael; und auch schon deshalb für Meister und Fühler unschätzbare Augenweide; die gewiß den schüchternen, stillen, Gewalt und Mutvollen Jüngling, der bald über alle seine Mitwerber den Rang davon trug, in seinen ersten Liebesschwärmereien von Schönheit gern belauschen, wenn sie auch nicht alles begreifen könnten, was er wollte; wie hier nicht der Fall ist. Daß es eins seiner ersten Stücke sei, mehr von Phantasie und eignem Gefühl, als Erfahrungsquelle entsprungen, zeigt der noch unsichre Besitz von Licht und Schatten; Härtlichkeit in den Farben; der übergroße Fleiß in sorgfältiger Auspinselung von Nebendingen, als einiger Bäume und Hütten und Gebäude, die zu deutlich sind, und zu scharfe Ecken haben, für die weite Ferne von der Scene, und nicht die sich verlierende ungewisse täuschende Form; und der unfreie Himmel über der Gegend, der mehr eine wunderbare Erscheinung, ein blauer Wolkenhimmel, zu sein scheinet, als unabsehbare Tiefen des Oceans von Aether, in dessen ungeheuren Abgründen das Licht der Strahlen bläulicht wird, und sich verliert.

Doch ist dies unendlich kleiner Mangel gegen die hohen entzückenden Schönheiten darin.

Eine reizend geordnete Gruppe in einer ländlichen Gegend; an der Hütte der Maria, an ihrem Gärtchen vielleicht. Zusammensein derselben, und der alten Elisabeth, mit dem kleinen Jesus und Johannes; nebst dem Pflegevater Joseph. (Elisabeth wollte,

wahrscheinlich, mit ihrem Söhnchen die Mutter Gottes besuchen; Joseph ging ihr entgegen; Maria erwartete sie hier in der Nähe. Joseph voran, Maria herbei, Zusammenkunft.)

Oben an, die Anhöhe hinauf, steht *Joseph*, mit beiden Händen an der linken Schulter auf einen Stab gelehnt. Gleich vor ihm, an seiner Linken, zu seinen Füßen vor dem Stabe ist *Maria*, in einer *mit dem linken Beine knienden Stellung*, dessen Fuß außer dem Gewand, im Ecke linker Hand des *Gemäldes*, in schönster Form, mit dem großen Zehen sich ein wenig stützend, zum Vorschein kömmt; mit dem kleinen *Jesus* am Schoße, den sie, halbsitzend und stehend, bei der Brust mit der rechten Hand hält:

Und an seiner (Josephs) Rechten die alte *Elisabeth*; die eben so den kleinen *Johannes* mit der Linken hält, mit dem rechten Beine kniend, dessen Fuß eben so, nur ältlich, schrumpfend, und nicht so gestellt, liegend, wie der junge linke der Maria, außer dem Gewande nach dem rechten Eck hervorgeht, welches, wie Beider Hände, einen reizenden Kontrast macht, und die Schönheit der Gruppe vollendet.

Joseph ist in ein hellgrünes Untergewand gekleidet, und hat einen weißgrauen Mantel, von der rechten Schulter an, um die linke Hüfte geworfen. Sein Kopf im grauenden Hinterhaupthaar, und Bart und kahler Scheitel, ist der Kopf eines gütigen verständigen Mannes, noch feuervoll im beginnenden Alter. Er blickt mit nachdenkender Stirn auf den kleinen Johannes, auf ihn und den kleinen Jesus, wie Neuton in die Bahnen der Kometen.

Und Elisabeth blickt wiederum von ihrem Sohn auf ihn mit offnem Mund in frohem Erstaunen, daß der Herr sie noch in ihrem Alter so erfreulich geseegnet, von seinem Pflegesohn, von beiden.

Maria hält ein Buch in der Linken, den Zeigefinger ihrer schönen zarten Hand dazwischen gelegt, worin sie vor Elisabeths Ankunft gelesen. In ihrem Gesicht leuchtet ein wahrhaftig süßes Herz, und ein himmlischer Geist hervor. Ihr zärtlicher Blick in die Kinder, aus den etwas zusehenden braunen heitern Augen, macht sie glücklich; und sie ist so heilig, und wie in einem Traum, einem Gefühl platonischer Art, und doch so junges herzstehlendes Mädchen dabei, daß sie nicht recht auf dieser Welt wachen zu dürfen scheint.

Die beiden nackenden Kinder haben einen Ausdruck, unglaublich für den, der sie nicht sieht. Der kleinere *Jesus* hat eine Art von sich wehendem Band in den Händen, worauf angedeutet ist: »Siehe! ich bin der, der da kommen soll;« und blickt und sagt dies aus seinem gottheitvollen, gnadereichen, und ferntraurigen Gesichtchen. Und der kleine *Johannes hats gelesen, und sieht ihm,* wie *mit ernstem verwunderndem Entzücken und Verehren,* darauf in die Augen, und doch wieder so in aller *Kindheit* (und die Mutter Gottes muß selbst darüber das heilige Gesicht ein wenig zum Lächeln bewegen) daß es das vergnüglichste und unbegreiflichste Kinderspiel ist, das je dargestellt worden. *Alles lautere Ahnung, Blüte in der Knospe der Zukunft.* Es ist eine unbeschreibliche Grazie und Schönheit in diesen beiden gar kleinen nackenden Bübchen. Der größere Johannes hat ein bräunlicht blondes Krausköpfchen, und Jesus die ersten blonden Härchen.

Maria ist gekleidet, so schön, und geziemend, und sittsam, als es immer die schönste der Grazien des Sokrates sein konnte. Ihr blondes Haar ist bloß mit einem dunkelroten Band, über dem ersten Haarsaum von der Stirn an, herum zusammengehalten; und um den Nacken herab wird ein äußerst dünner Schleier von Nesseltuch sichtbar. Alle haben einen feinen goldnen schrägen Zirkelstrich von Heiligenschein an den Häuptern schweben, der, vom rechten Standpunkt aus, in der Magie der Täuschung, wirklich eine Eigenschaft höherer Natur zu sein scheint. Oben am Brustlätzchen der Maria steht die Jugend Raphaels in naiver frommer Freude geschrieben: *Raphael Vrbinas*. Hinten ist nach einigen Landhäuserchen und Bäumen in der Ferne bergauf eine Stadt zu sehen, und weiter blaue Gebürge.

Die Zeichnung ist, nach dem Geständnis der größten Zeichner, höchst fürtrefflich, und die Gewänder schön gefaltet; hingegen die Umrisse trocken, so wie überhaupt, wie schon gesagt, die Malerei härtlich.

Der verschiedene Geist im Ganzen aber ist dabei noch so Eins geworden, wie die verschiedenen Farben im Sonnenstrahl; und die schöne Erscheinung der himmlischen Idee entzückend. Und bloß aus der Idee, der Einheit im Mannigfaltigen, *dem Zuge der Natur nach wahrem Leben*, kann man bey einem jungen Künstler sehen, ob er groß werden wird.

Heilige Familie
Von Michel Angelo Buonarotti
[wahrscheinlich von Marcello Venusti]

Ein Blick in das Hauswesen der Heiligen, zum Zeitvertreib hingeworfen von dem Großen und Starken, um den Pinsel wieder zu versuchen; oder statt eines Avemaria. Ein kleines Stück, nicht völlig zween Fuß hoch, und etwas über einen breit; und doch uns teuer (wenigstens meiner Wenigkeit, da es wegen seines mittelmäßigen Kolorits nicht in die Augen fällt, und die Idee darin ein wenig heimlich ist) wie ein Hymnus vom Homer, weil nur dies einzige von ihm da ist.

Maria sitzt in der Stube, in einem roten vorzeitigen Kleide, fast wie ein Weiberhemd mit langen Ärmeln gestaltet, (worunter doch aber ein weißes leinenes ist,) das unter der Brust über einen Gurt, der nicht zu sehen, ein wenig hinab sich senkt. Sie hat den rechten Schenkel übergeschlagen, und über dem Schoß eine hellblaue Decke. Darauf über diese hat der *kleine Jesus,* ganz nackend, sein Köpfchen mit hellbraunen jungen weichen Här-

chen, und über denselben herüber das rechte Ärmchen und Händchen gelegt, das linke am Beine dieses rechten Schenkels hinunter hängen lassend. Seine Beinchen ruhen, etwas tiefer, ein wenig von den Knien an in die Höhe gehend, auf einem Kissen, das über dem Gestelle[3] einer großen Sanduhr, die bald ausgelaufen ist, gerade neben der Maria liegt; und seine Hüften sinken dazwischen und dem Schoße der Mutter im Freien nieder, noch auf einem blauen Zipfel der Decke, die unter dem Kissen liegt, von ihrem Schoße her.

Eine Lage, die nicht reizender sein kann, und die die schönste ist, die ich je von einem schlafenden Kind gesehen!

Über seinem rechten Ohre hält diese die linke Hand zum Griffe bereit, in Besorgnis, sein Schläfchen zu unterbrechen, das er so im Spielen erhascht, und in zarter Mutterliebe, daß er fallen möchte, welches gar leicht geschehen könnte.

Eine entzückende Gefahr, so recht des großen Meisters würdig, die immer das Herz in einem kleinen Schauer, und die stille Scene lebendig erhält!

Aus ihrem schönen Gesichte leuchtet so viel Unschuld[4] , Güte und Schönheit von innen, daß alles rein und klar ist, und nichts widriges und falsches kann entdeckt werden. In der Rechten hält sie ein Buch bei Seite, worin sie eben gelesen; und darüber oben steht der junge *Johannes* auf einem Fußgestelle, (dergleichen eines an jeder Wand des Zimmers, das in der Breite eben für viere Platz hat, mit einer Einfassung von Brettern in die Höhe geht; oder soll ichs eher Wandstuhl, Wandbank mit einer Einfassung nennen?) steht der junge Johannes in einer Tigerdecke, und schaut hincin, den linken Zeigfinger an den Lippen: und die Rechte lauschend, wie eine wunderbare Neuigkeit erfahrend, mit dem Zeigefinger in der Höhe etwas ausgebreitet aufgehoben. Seine offne Brust schwillt schon von junger Stärke, und sein Gesicht ist ründlich, schön und wild.

---

[3] Wie von einem Zimmermann fabrizierten; so wie die ganze Stube Meisterwerk von Zimmermannsarbeit ist.

[4] Reines Gewissen von ehelicher Untreue; denn das ist der eigentliche Ausdruck darin.

Joseph hat sich im Fußgestell oder Wandstuhl der linken Wand mit dem linken Arm auf die Einfassung gelegt, und mit dem rechten aufgestützt, in deren Hand das Kinn liegt, daß der Daumen und Zeigefinger zwischen den Lippen beide Backen an der Nase ein wenig eindrücken. Er hat einen rötlichen hier und da verschossnen Hausrock an, darüber ein gelber Mantel hängt, als ob er aus gewesen, und was bestellt hätte, und wiedergekommen wäre. Auf dem Kopfe hat er eine rote Kappe aufgesetzt, und betrachtet daraus mit einem ehrlichen trefflichen alten Zimmermannsgesichte den kleinen Schlafenden, als ob er dächte: »sonderbar; ja, sonderbar und unbegreiflich! und doch alles wahr und richtig, und kann nicht anders sein!« – Wahre Natur, wie sie ist.

Das *schlafende Jesuskind* ist das schönste des Stückes; ein Meisterstück an reizender Lage, vollkommner Zeichnung und wohlgegebnem Licht und Schatten; und die *Einheit*, die *Seele* des Ganzen, worauf sich alles andre bezieht und harmoniert, wie auf Herrscher und Monarch. Aus seinem Gesichte dämmert *Majestät von Gottheit* aus, und seinem Schläfchen sieht man's an, daß es nur *eine kurze Rast ist vom Tragen der Welt Sünde.*

Es ist zum Erstaunen, wenn man dies beinahe Unmögliche bloß in der Vorstellung, zwischen Vater, Mutter und Kind, durch die *kleinscheinende* Erfindung einer nachlässigen und gefährlichen Lage im Schlafe, nicht allein möglich, sondern auf das reizendste dargestellt sieht; und *wie die gewöhnliche Stille der Menschen um ein schlafendes Kind so leise* (und unbemerkt) *mit Demut und Liebe vor Gott verpaart* (und dahinein verwandelt) *worden; und das große Geheimnis, wie hervorbrechende Knosp' im Tau des ersten Morgenrots, erscheint.*

Madonna mit dem kleinen Jesus
Von Carlo Dolce

Diese Madonne wird von den meisten für die schönste gehalten, die wir haben, und von nicht wenigen für das schönste Stück, das auf der Galerie ist; weswegen sie auch, samt dem kleinen Jesus, als ein Wunder der Kunst nicht wenigen Fremden vorzüglich gezeigt wird.

Maria steht lebensgroß bis an den Oberleib an einem Körbchen voll Blumen auf einem Tische, worauf noch ein Stück weißer Frauenzimmerarbeit liegt: hat daraus den vollaufgeblühten Busch einer Lilienblume genommen, nebst einer braunroten stark gefüllten Nelke, beide mit langen Stengeln, und hält sie in der linken Hand zwischen dem Daumen und dem Zeigefinger, an der Brust auf,

nach der linken Schulter hin, und betrachtet aufmerksam die Staub-
fäden der Lilien; den Kopf nach dem kleinen Jesus hinneigend, den
sie mit der Rechten bei dem rechten Hüftchen an einer zusammen-
gefalteten feinen weißen Binde (die ihm hinterm Rücken von der
linken Seite herum unter der Brust, und wieder herum um das Ge-
mächtchen läuft, davon die beiden Enden unter ihrer Hand ange-
halten werden) auf eben dem Tische nackend stehen hält; welcher
auch in dem linken Händchen einen Rosenzweig mit Laube, einer
aufgeblühten Rose, und einer trefflich schönen Knospe hat, und sich
kindlich darüber freut; und die zween ersten Finger und den Daumen des vor Lust aufgeschlagnen rechten Händchens in die Höhe
richtet.

Eine schöne ungezwungne natürliche Stellung, samt der herum-
gezogenen Scherpe!

Maria ist im roten Gewande, so weit man sie sehen kann, (denn
mit der kleinen Tafel des Tisches fängt das Gemäld unten an) das
am Halse blau eingefaßt, und noch mit einem dünnen blauen Nes-
sel umgeben; und hat um die Arme ein blaues Malertuch herumge-
zogen. Auf dem lichtbraunen Haare liegt eine besondere Art von
grünem Aufsatz; und über den Köpfen beider schweben Heiligen-
scheine, schön gemalt, aber nicht geistig genug, und zu völlig, so
daß sie vielleicht den Dunstkreisen der kleinern Monden Jupiters
gleichen.

Ihr Gesicht ist das schöne Gesicht einer Heiligen, ganz Bescheidenheit und Demut, die kaum sich über die Blumen zu freuen wagt;
und das *Madonnenhafte* darin – *holdselige keusche junge Frau, die fern
von ihrem Mann ist, und sich unterdessen mit ihrem Kind an Blumen
ergötzt.*

Der kleine *Jesus* ist eins der schönsten Kinder; dem nur, statt des
Göttlichen, etwas anhängt, als ob er dereinst ein großer Moralist
werden würde; welches die Schönheit des Kindlichen ein wenig
schwächt, da es keine wesentliche Eigenschaft höherer Natur sein,
und sich nicht mit Kindheit vertragen kann, sondern zu den gelern-
ten Vollkommenheiten gehört.

Unter uns: die Holdseligkeit beider scheint ein wenig übertrieben;
oder doch zu entblößt von höhern Eigenschaften; und harmoniert
nicht so ganz mit *Mutter Gottes*, und *Gottes Sohne.* Es fehlt himmli-

scher Geist, das Göttlichfreie der Schönheit, und echtes Jugendleben. Meinem Bedünken nach hätte sie wenigstens, nach dem Glauben des *Dolce*, nicht wohl so Königin des Himmels werden und vorstellen können, wie die Madonnen des *Raphael* und *Guido*, bei denen das Hochgeborne zu diesem herrlichen Throne sogleich mit dem ersten Blicke faßt, wer Gefühl für solche Schönheit hat.

Die Malerei ist, bis auf die Blumen, die dem andern nicht gleich kommen, außerordentlich schön, und die Farbe des Fleisches im äußersten Grade zart und fein und blühend und leibhaftig; vielleicht ein wenig zu zart. Und dies ist es hauptsächlich, nebst der stillen süßen Huld, deren Fülle den ersten Augenblick wirken muß, was jeden Liebhaber, und Gutheit liebende, oder bewundern wollende Menschenkinder in Lust und Entzücken hinreißt; da die Schönheiten *Raphaels*, weil sie mehr in Geist als Farbe bestehen, einen geübtern Sinn und tiefer eindringende Schärfe erfordern. Weswegen denn auch Viele ganz kalt von den letztern, wie von etwas im Grunde doch *unbedeutendem*, weiter gehn, und wieder *aufmerksamer* wo stille stehn, und in ihren Gedanken dabei einen *Carlo Dolce* weit über ihn setzen. Als ich jüngst das kleine Stück von *Michel Angelo* herunter genommen, und daran Herz und Phantasie weidete; kam ein holländischer Kenner dazu, und betrachtete auch ein wenig. Nahm es, stellte es in dieses und jenes Licht, und stellte es endlich neben diese berühmte Madonna, und schüttelte den Kopf, und gab es, die Gedanken ganz davon weggewandt, mir als ein mittelmäßiges Ding wieder zurück – und ging weiter, und stand aufmerksamer wieder wo stille.

Der Schatten ist durchaus bräunlicht; sanft, wie alles, und überaus angenehm; zwar hier und da erkünstelt, erhöht aber dafür ungemein die schönen Formen.

Bei diesem allen bleibt es doch noch eine gar schöne Madonna, und eins der höchsten Meisterstücke für ein Nonnenkloster, und für junge Mädchen; und ich habe noch niemanden dabei, mit einem Laute nur, oder einem Lippenzug, in seinem Vergnügen gestört. Jedoch darf man sagen, daß Dolce und Raphael zwei himmelweit verschiedene Wesen sind; woran der erstere nun auch gar keine Schuld hat, da er von Ewigkeit nicht zu einem Raphael bestimmt worden, und mit seinem Pfunde, vorzüglich bei diesem Stücke, nach bestem Vermögen gewuchert hat.

Madonna mit dem kleinen Jesus

Von van Dyk

Maria steht da malerisch gekleidet, in rot, und bräunlich und blau, in Lebensgröße bis zu den Füßen, wo das Gemälde sich verliert; und hält den kleinen *Jesus,* linker Seite, nackend auf einem Tische, mit den Fingern der schönen rechten Hand, worin sie eine herabfallende weiße Leinwand hat, an dessen Brust; und der linken, den Rücken herum, der nicht zu sehen ist, unter dem linken Arm am Haarwachs. Jesus hingegen hat sie mit dem rechten Fäustchen am bräunlichten Übermantel, oder Übergewund, bei der Brust, gefaßt, und zeigt mit dem Zeigfinger der Linken, (seitwärts linker Hand auf diejenigen blickend, die vor ihm stehen, und nicht im Gemälde sind,) rechter Hand auf einem weißen Streif unten, worauf ein *Siehe* steht, den der herauf- oder hereinkommende *Johannes*, an der rechten Seite vor der Mutter, aufgehoben und gelesen hat, und noch in der Rechten hält; und ihn darauf mit Erstaunen, und Aufmerksamkeit, und Froheit betrachtet.

Maria hat, auf den *Johannes* herabblickend, im schönen Gesicht ernste Würde, banges mütterliches Ahnden der Zukunft, Großheit, und eignes mehr adeliches, als göttliches Wesen; als ob das Gemäld ein Meisterstück für eine Kirche zu Madrid hätte werden sollen.

Der Ausdruck im Gesichte des völligen kleinen Jesus, mit dem blonden Köpfchen und blauen Augen, ist etwas unbestimmt, ob er gleich auf das *Ecce* zeigt. *Van Dyk* wußte den Schöpfer der Sonne, der Fixsterne und Planeten nicht recht ins Knabengesicht hineinzubringen; indessen ist doch Mitleiden und weise Seele in Kindheit darin.

Zeichnung ist ohne Fehl; der Ton des Lichtes feierlich mit sanften Schatten, und das Kolorit fürtrefflich: der nackende Knabe so lebendig, so wie alles Fleisch im Gemälde, samt den Gewändern, wie von Tizian gepinselt. Für junge Künstler im Kolorit ist diese Schilderei ein vollkommnes Meisterstück; und selbst *dem Wesentlichen von Madonna* (das sittliche zur Schau darstellende des Kindes abgerechnet,) dem *Weniger* und *Mehr* als jüngste Mutterliebe, vorzüglich dem letztern, (welches auch um vieles leichter ist, als das jungfräuliche in, mit, und unter der Mutter,) kömmt *van Dyk* näher, als *Dolce*, (der überhaupt keine bestimmte Idee, sondern nur eine himmlische Täuschung gehabt zu haben scheint,) – dessen höchste Schönheit *Raphael* unübertrefflich mit seinem Verstande gefaßt, und seiner Phantasie und Kunst hervorgebildet; insonderheit in seiner *Madonna mit dem kleinen Jesus zu Florenz*, wovon ich leider nur noch eine Kopie im kleinen gesehen; jedoch eine Kopie von *Mengs* (nach dem Meister bei dem ich sie sah, und dem sie nicht selbst gehörte,) ein Gesicht, das mich unaussprechlich glücklich gemacht hat, und woran meine ganze Seele Wonne gesogen, und mein Wesen wie an Liebe gehangen.

Vielleicht bin ich in der Laune, umständlicher über diesen Vorwurf zu rhapsodieren, wenn ich an die *Madonna von Rubens* komme, und seine *Anbetung der Hirten*.

Bei Gelegenheit des kleinen Jesus von diesem Niederländer will ich Ihnen noch einen andern beschreiben, von dem man nicht recht weiß, warum er dergestalt da ist.

Neben der Madonna von *Dolce* hängt ein gar kleines Gemäldchen von *Leonardo da Vinci* [von Bernardo Luini], einem der ältesten Patriarchen der neuern Kunst, und dem größten Meister zugleich in Malerei, Baukunst und Musik, wie Sie wissen. Um den gegenwärtigen Gott, und den künftigen Heiland im Kinde vorzustellen, hat er einen Einfall gehabt, der ganz von dem Manne zeugt, der einen Klockenklöpfel schraubenförmig zu drehen vermochte, (Unbegreiflichkeit bei einem Virtuosen! zumal für uns ausgeartetes Gesindel) und sich nicht länger mehr den Kopf darüber zerbrechen wollte; aus etwas bei nahe unmöglichem für Menschen etwas wirkliches zu machen.

Das Kind sitzt auf einer Rasenbank, und tritt mit dem rechten Füßchen auf einen greulichen Totenkopf, hält in dem linken Händchen auf der rechten Kniescheibe ein dünnes Kreuz fest, und drückt mit dem auswärts von sich gehaltnen rechten einer giftgeschwollnen Schlange unter dem Kopf den Hals so stark zu, wie geschnürt, daß sie die Zunge weit heraus sticht, und den langen Leib hinauf zu schlingen strebt. Die Blicke dreht es froh davon weg, und kindlich lüstern nach einem schönen Apfel, der linker Hand an einem Zweig ins Gemäld herein hängt, als ob es den dafür bekommen sollte.

Es hat übrigens ein schönes Gesichtchen und Köpfchen voll wunderbarlichen Ausdrucks, insonderheit im Auge, und in den Lippen; und verspricht an Mut einen künftigen Herkules: der schon wirklich daraus hervorsieht, wie ein frohlockender Tigerzerreißender Löwe aus einer Lammshaut.

Denken Sie, großer Dichter, sich das einmal zusammen!

II. Fortsetzung des Schreibens über einige Gemälde der Düsseldorfischen Galerie

Himmelfahrt der Mutter Gottes
Von Guido Reni

Wahrhaftige Verklärtheit. *Aufschwebende Jungfrau in ewiger früher Jugend zum Throne des Himmels. Ein unsterbliches Mädchen* voll Unschuld und Demut und unaussprechlicher Reize, *dem mit Recht dieses Glück zu Teil ward.* Ihr Gesicht geht über das schöne Wesen jeder Menschentochter; es ist lauter, reiner, süßer, sonder alle Zier echter Göttinnengeist. Hinauf wird sie gehoben mit sanft nach der Höhe gebreiteten zarten Händen, endlich nun Gottes Sohne nach, den sie, unentweiht, unter ihrem Herzen getragen; dem Ewigen entgegen. Ihre, im Feuer der Entzückung, und doch *fromm und mägdlich*, emporgekehrten hellbraunen Augäpfel so, daß nur wenig von dem Braunen, und lauter Weiß zu sehen ist; die weibliche Erhabenheit über den aufgezogenen sich herumverlierenden Bogen der Branen; die sonnenreine Lauterkeit; lichtreine Heiterkeit des Herzens auf der kurzen Stirn, in die das lichtbraune Haar aus dem Schleier herüber sich webt; die geschlossnen kleinen Rosenlippen, in solcher Heiligkeit, daß nie über sie ein sträfliches Wort kommen konnte; das geründete Kinn, die blühenden Wangen, und alles in der süßesten Form der Liebe; der zarte Hals; der feine schlanke Oberleib – Denken Sie sich das alles in Grazie lebendig, in blaßroten anliegenden vorigen Sterbegewande, wodurch die schönsten Brüste sich ein wenig über dem falben Streif von Gürtelbinde ründen; der überirdische ebene ein wenig sich erhebende Unterleib – Doch, ich werde zum Schwärmer über der Betrachtung. Und Dank dem Himmel, daß ich das werden kann! Schwärmerei für das Schöne macht allein zum glücklichen Menschen. O Petrarca, o Plato, euch hatte Adam des Paradieses nicht verlustig gemacht!

Über sie, ganz von der linken Schulter, die rechte Seite über der Hüfte unten hinüber, ist ein blaues seidenes Überzeug in den leichtesten Falten geworfen. Flügelregende Engel, worunter die zween größten von himmlischer Schönheit, und hohe Ideale schöner Knaben sind, berühren mit ihren Schultern, schön im Kreis herum, in Unschuld und Anbetung, den Saum des untergesunknen Gewands zun Füßen; und oben empfangen sie andre, klein in weiter Entfernung, im Lichte, das von dem Himmel aller Himmel, wie die allerheiligste Glut, herunterleuchtet, und den ganzen Luftraum erfüllt.

Johannes in der Wüste
Von Raphael
[von Daniele da Volterra]

Noch das erste Meisterstück der Kunst auf der hiesigen Galerie.

Die Stellung ist schwer zu beschreiben, da es sogar Maler gibt, die sie im wirklichen Gemälde nicht fassen; ob sie gleich deutlich in die Augen fällt, und beim ersten Blick schon den größten Meister in der Kunst verrät.

Eine Anhöhe von einem in die Höhe steigenden Felsen, unter Moos und Kraut, und daran herum verzogenen Epheu, linker Seite des Gemäldes, woraus eine Quelle kömmt, die aus einem kleinen Damm in einigen Sprüngen in dämmerndem Licht herunterfällt, sich da ein wenig wirbelt, und vereinigt in grünem Ufer weiter hinab rinnt, und, unten, wo das Gemälde aufhört, fortrieselt.

Daran hat sich Johannes, in Lebensgröße, gänzlich ohne Gewand (außer daß er eine Tigerhaut, die ihm eigen sein muß bei den Malern, unter sich gebreitet; wovon ihm ein schmaler Streif, über das Gelenk an der rechten Hüfte fällt, und die Scham so eben

41

bedeckt) daran hat sich Johannes, mit dem Fuß des gestreckten rechten Beins auf eine feste sichre Stelle tretend, an und hinter hohen Bäumen von der Rückenseite rechter Hand, über sie mit dem Oberleib etwas schräg, hinauf gehoben; und seine Schwere ruht auf der ersten Hälfte des linken hineinsitzenden Schenkels – und ein wenig auf dem Ballen der linken, wie gestützten, Hand, (worin er ein rundes Holz, mit einem Spalt vorn, hält, in dem ein anderes kleines quer durch im Kreuze liegt,) wodurch die Schulter oben etwas erhöht wird, und noch ein wenig auf dem Fuße des gestreckten rechten Beins, die dieselbe im Gleichgewichte halten. Der rechte Arm (in dessen Hand er eine runde hölzerne Schale zum Wasserschöpfen an den Felsen hält, und die am Knöchel über dem Knöchel der wie aufgestämmten Linken gehalten ist) hängt mit seiner Schulter, und der Brust von daher, sanft nach dem linken Vorderschenkel hinüber, wo der Mittelpunkt der Schwere ist, (dessen Bein nach dem rechten sich wendet, und unter dieses Knie felsenab den Fuß stämmet, an welches Zehen Widerschein von Abendlicht leuchtet.)

Sein Kopf, mit krausen lichtbraunen Locken bedeckt, wovon einige in das rechte Teil der Stirn, und über das linke Ohr herüber gehn, steht aufrecht, gegen den linker Hand hin etwas schrägen Oberleib, vorwärts nach der rechten hinunter dem rinnenden Wasser nachsehend.

Vergeben Sie mir die Einschiebsel, vielen Unterscheidungszeichen, Verbindungswörter und Beziehungssylben; es ist mir nicht möglich, mit andern Worten Anschauen und Sinnlichkeit in Beschreibung dieser herrlichen Stellung hervorzubringen.

Da sagen nun einige, die das Zeichnen besser verstehen wollen, als Raphael in seiner besten Zeit und in einem seiner besten Stücke, wo er sich das richtigste Maß von schöner Natur und den Antiken schon zu augenblicklichfertigem Fingergefühl gemacht hatte; »man müsse sich wahrhaftig in Verzückung befinden, wenn man diesen St. Johannes wie eine superbe akademische Figur betrachtete; aber doch wäre zu wünschen, daß er eine andre rechte Schulter, und einen andern linken Schenkel hätte.« Als ob man über die bloße Figur eines Hinkenden und Verwachsenen sich in Verzückung befinden, und das eine prächtige akademische Figur nennen könne! Die Leute wollen reden, und gern als Meister und Kenner kritisieren, und wissen nicht was; und glauben, verständiger als Gott gewesen sein zu wollen, wann sie den Mond nicht voll sehen, ohne die Schönheit seiner Hörner zu empfinden. Wenn sie sich selbst nur in die Stellung an irgend einen Berg versetzen wollten, wie Johannes da ist, so würden sie finden, daß der Schein ihres linken Schenkels eben nicht länger, und ihre rechte Schulter eben so gesunken sein würde; die im Original so reizend zur Ruhe der ganzen Stellung harmoniert. Man muß nichts von der Perspektiv wissen, wenn man hier tadeln will, wo schon ein Billardsauge das rechte Maß erblickt; dessen völlige Richtigkeit aus dem Sehpunkt, der hier leicht zu finden ist, erwiesen werden könnte, wenn die Anklage wegen eines Schülerschnitzers gegen den größten Zeichner zu seiner besten Zeit nicht schon im Vortrage zu ungereimt wäre: und nicht zu augenscheinlich wäre für jeden, der nur so viel Herz hat, um getäuscht zu werden, und weiß, was es ist; daß es ein hohes Meisterstück perspektivischer Zeichnung sei. Doch genug davon!

Die ganze Scene ist in einem Lichte, wie es einige Stunden vor Sonnenuntergang ist; in dem seligsten, das auf die Erde kömmt – in einem Tone von Luft und Himmel gleichsam wie der des schönsten Jomellischen Liedes:

> Se mai senti spirarti su'l volto
> Lieve fiato, che lento s'aggiri.

Stille, innrer Friede, Ruhe, vor welcher noch her der Tiefsinn des ersten der Menschen, auf welchen gleich der Sohn des Herrn folgte, von der Stirn über die scharfe Nase und Oberlippe herabflammt; der sich nun von der aus dem Felsen quellenden, und unten hinfließenden Flut willig kühlen, und sich die Gegenwart von ihrem Lauf ergreifen läßt.

Erscheinung eines himmlischen Geistes, dessen Heimat nicht auf dieser Erde ist, so eben nur sichtbar in höchster Schönheit. Ein reizender Jüngling, den bei aller Huld ein Schein edler Wildheit vor dem Getümmel der Menschen umschwebt, und der nun ablassen will von Betrachtung, wie die sich neigende Sonne; und noch ganz lebendig in heißen Gefühlen, die in den leichten Lüften wieder in sich gehn. Wahrhaftiger Johannes, und kein andrer Sterblicher!

Wie alle die bedeutenden Teile im Lichte stehn, und die andern im Schatten, der an der rechten Seite, von den Bäumen her, beinahe ins Dunkle sich verliert; und nun von dem Ganzen so nach und nach unaufhörlich, wie von Quell, erquickendes Wohltun einem ins Herz überfließt, ist unaussäglich. O wie oft, heiliges Bild, hast du mich, am stillem Abend, einsam unter deinem Einfluß sitzend, alles in der Welt vergessen gemacht! In dir, und durch dich bin ich in Tiefen versunken; und bin von ihnen verschlungen worden, wie ein Nichts; und bin mit Schrecken und Furcht in Tränen wieder daraus erwacht; und ich habe in dir, und durch dich wieder Ruhe der Seele gefunden.

Stündest du in einer alten Kapelle, im Gesträuch vom grünen Tal hinauf, am Fuß eines waldichten einsamen Gebirgs; dann würdest du so recht die Wallfahrt der Weisen sein.

Hinter den Bäumen rechter Hand hin steht eine Einsiedelei in alter Säulenordnung nach dem Felsen zu, zwischen einzelnen Bäumen, im ersten schönen Gefühl der Natur erbaut; und jenseits dieser in der Mitte, kaum sichtbare Gebäude, und hinter diesen ein hoher Berg.

So viel denn für diesmal, Bester! Ich würde meinen Endzweck erreicht haben, wann ich Sie mit dieser schwachen Beschreibung, nur des hundertsten Teils unsrer Galerie, bewegen könnte, einmal Ihr Versprechen zu erfüllen, womit Sie uns so oft vergebliche Hoffnung gemacht; selbst hieher zu kommen. Wie würden Sie das bloße Wort alles so lebendig schauen! nicht mehr, an die dunkle Verheißung ewiger Schönheit denken! Inbrunstvolle Lieder singen für die Waller nach dem Johannes in der Wüste! Sie sollten alles nach einander in einem Taumel von Lust genießen, was F– und ich heiliges für Phantasie und Herz an den Ufern des Rheins in Natur und Kunst in manchen Frühlingstagen aufgespart hätten. Wollten Sie in den unvergleichlichen italienischen Pallast, mit schönen Gemälden ausgeziert, und voll sinnreicher, allegorischer und mythologischer Platfonds, auf das Schloß zu Bensberg führen, wovon ihre Blicke eine Gegend, wie Florenz, unter sich und weit und breit um sich her, betrachten würden; und eine reizendere, da Florenz keinen Rhein so gleich in der Nähe seine spiegellichte Wasserfluten vor sich her strömen sieht, wie Bensberg vor Cöln mit den zweihundert Tempeln. Wollten Sie nach Aachen und Spaa begleiten, wo Sie zwar keine olympische Spiele würden feiern sehn, aber doch die angenehmen Täler und Haine, und Hügel und Berge, wo der große Karl von seinen Siegen ausruhte; oder lieber geradeswegs weiter von Bensberg über das schöne Neuwied zur Aspasia der Sternheim.

Will sehen, was ich kann und vermag. Nächstens noch einen Brief, und einen allein über *Rubens,* den wahrhaftigen Herkules der Malerei, so wie Raphael der Apollo derselben ist. Wir haben von ihm allein einen ganzen großen Saal voll der herrlichsten Gemälde. Glauben Sie nicht, daß ich aus Not einen zu großen Sprung tue, von Rom nach Antwerpen, (oder vielmehr nur von Italien über die Alpen nach Teutschland; denn Rubens ist in Cöln geboren und getauft; wovon er selbst, als Geschenk, das Zeugnis mit einem seiner stärksten Gemälde, der Kreuzigung Petri, in der Peterskirche da hinterlassen hat.) Wir besitzen noch Stücke die Menge von Italienern; aber die Beschreibung derselben ist keine Sache für einige Briefe, und es gehört ein wenig mehr Bequemlichkeit darzu, als ich habe. Es sind hier nicht wenig der besten Stücke von Luca Jordano, Paolo Veronese, Zanetti; und einzelne schöne von Tizian, Cignano,

Andrea del Sarto, Maratti, Procaccini, Pietro de Cortona, Albano, Salvator Rosa, den Carrachen und andern.

So eben fällt mir noch eine *Madonna* ein von *Tizian*, wovon die

Malerei nur sich nicht wohl erhalten hat, die ich auf der Galerie aus der Acht gelassen habe, und hier auf meinem Zimmer den oben beschriebenen noch hinzu gesellen will. Es ist eine Madonna mit dem kleinen Jesus noch in der Windel, dem Johannes und einem Einsiedler.

Die Mutter Gottes ist in einer so schön erfundenen Stellung, daß alles dadurch an ihr vom eben sichtbaren Fuß bis zum Wirbel reizend wird. (In der Grazie weiblicher Stellung sind die Italiener überhaupt immer die größten Meister; Psyche von Raphael, Venus, Danae vom Tizian u. s. w. werden Ihnen sogleich beifallen.) Johannes an der rechten Seite des Gemälds hat das Kind im Arm, und reicht es wieder der Mutter; die in der Mitte, gerade nach der linken Seite zu, auf einem etwas hohen Schemel sitzt, und sich mit dem Oberleib herumwendet, mit den Füßen, bis auf die Drehung, an ihrer Stelle bleibend, und es von ihm mit der Windel nimmt, um es einem, am Ende der linken Seite, knienden Einsiedler, auf welchen sie dabei immer noch das Gesicht richtet, anbeten zu lassen. (Gleichsam Widerschein der Gottheit des Kindes.) Die ganze schöne Form ihres Leibes zeigt sich dadurch unter dem davor enger anliegenden, und sanft sich faltenden, und am Unterleib ebnenden roten Gewande. Unten sind die Zehen des rechten Fußes dadurch sichtbar geworden, die die Schönheit des Übrigen verraten, und davon klares Zeugnis geben. Ihr Gesicht gehört unter die schönsten achtzehnjährigen Mädchengesichter von Italien, voll immer lebendiger Empfindlichkeit, und himmlischer Güte gegen den Einsiedler. Das Fleisch im Ganzen ist täuschende Wirklichkeit, insonderheit an den Männern; ist nicht Farbe, sondern Haut und Zug, und Blut und Nervensaft darunter. Man begreift nicht, (weniger noch bei den andern unverdorbenen, die wir von ihm haben,) wie der Mann das der Natur mit fester Materie nachzumachen gelernt hat.

Ich betrachte dergleichen alternde Gemälde mit Andacht, in dem schauerlichen Gefühl des Altertums; wie Sicilianische griechische Tempel, wie heilige Reste von der Urgüte und Schönheit der Edlen, die vor uns waren, und in Dunkelheit zurückgewichen sind, in das Reich der Schatten, wie auch wir einst sein werden; und sie würden vielleicht nicht so starken Eindruck auf mich machen, wenn sie noch die frische junge Farbe hätten. So ist meine süße Augenweide eine *Susanna* von *Annibal Caràccio*, wovon das Gemälde so schwarz geworden ist, daß man die Augen schärfen muß, wenn man alles

darin sehen will. Wir haben zwar noch zwo andre, *eine* von *van Dyk*, die ein Meisterstück, und sein höchstes in Kolorit ist, und noch so frisch und saftig, wie eben vom Pinsel; und

eine von *Dominichino,* schön an Gliedern, insonderheit an den Beinen, wie das daran schönste Mädchen war zur Juno von Krotona;
allein was sind mir diese gegen mein Himmelskind von Annibal!
Freilich mag nicht wenig dazu beitragen der ewig neue Geist darin,
die Schönheit der Erfindung.

Das

Mädchen sitzt von der rechten Seite nackend, im schönsten Gewächs jugendlicher weiblicher Natur, in der Größe der Mediceischen Venus, in einem Gartenbade da, das mit Gesträuch umschattet ist; und hält den kleinen ründlichen rechten Fuß mit der blanken Wade an eine römische Röhre rechter Hand nach der Wand hin, woraus Brunnen läuft; und bückt sich ein wenig, und wäscht ihn mit der Hand. Über der Hüfte, in der Wellenlinie Hogarths, die hier den höchsten Reiz hat, liegt zwischen den Beinen ein schmal gefaltetes dünnes Leinen zum trocknen; und der schwanenweiße Rücken, (denn seine junge feine Form, gestattet, wie bei der Wade, keine andre Farbe) und die mutwillige Hebenbrust, die sich vom geschlanken zarten Arm, der für einen Gott zur Umarmung geründet ist, nicht verstecken lassen will: und das unvergleichliche ovale Gesicht, dergleichen ich keine Blüte der Jugend, und Unschuld, und jungfräulicher Unbefangenheit in irgend einem andern gesehn habe, werfen einen zur Anbetung nieder, wie die Stimme vom Himmel: Was verfolgst du mich?

Und nun kommen hinter ihr her, aus den hohen Bäumen durchs Gesträuch, die zween alten Sündenböcke, mit ihren langen rauhen Bärten, herangeschlichen, in Gestaltungen, die dem großen Raphael in seinem besten Alter Ehre machen würden, und blicken gierig, wie Falken nach einem weißen Täubchen, das sich das Köpfchen baddelt, ohne was Arges zu befürchten; und der Eine tut leise sachtchen das Laub bei Seite mit dem linken Fang, und der Andre tritt auf den Zehen nebenher nach, und winkt mit der Rechten, den Hals und das Kinn schadenfroh vorrückend, als ob er das erste Los gezogen, St!

Wer ist der, der sich die Geschichte, wie sie ist, in eine schönere Idee denken will? Keiner noch, so oft sie gemalt worden, hat mit ihr und dem jungen Feuergefühl seines Lebens so eins gezeugt. Wie die zween *alten Faunen* hier mehr sind, als einer, und fürchterlicher als doch immer zuletzt weichende Jungen; die bei den andern wie Einfaltspinsel im widersprechenden Charakter da stehn, und bitten, oder einen Zipfel vom Hemde säuberlich mit den Fingern fassen, womit, Gott weiß wie, die Dirne das Beste so geschwind hat verstecken können. Wie hier das Handtuch so ungekünstelt da liegt, daß man sich nicht im mindesten darüber beschweren kann; wie hier das Ganze in schönster Einfalt so an sich zieht, so bange macht, daß einem das Herz im Leibe zittert, und man aus Leibeskräften beispringen will!

Ach, liebster Freund! und da hängt es unbemerkt in einer Ecke, und Niemand sieht's an vor den schlüpfrigen Farben des van Dyk, der die Mischung besser verstand, als unser Liebling, und sie nicht auf roten Grund trug, auf die rote Erde, die endlich alle andre Farben, wie ein Hecht, verschlingt, und darüber schwarz wird.

Düsseldorf, August, 1776.

III. Über einige Gemälde der Düsseldorfer Galerie

An Herrn Canonicus Gleim

Fortsetzung[5]

Hab' Ihnen allerlei schöne Sachen zu zeigen, Mann der Liebe; bevor ich aber das tun kann, muß ich erst die Lichter ausputzen. Denken Sie deswegen nichts schlechter davon. Wer nicht, wie unser Herr Gott, eine Sonne hat, bei dem versteht sich's ohnehin, daß er allezeit rufe: *Lichter weg, mein Lämpchen nur*, wenn er uns den Schöpfer machen will; insofern nämlich die Leute Lichter haben, und nicht schon in der Dämmerung sitzen. Indessen red' ich doch itzt nicht in meinem Namen, und nehm' es auch hier nicht im strengen Verstande.

Jedes Ding ist nur da, wo es ist; und kann nur Leben nehmen von dem, was es um sich hat. Wer auf dem Harze friert, kann sich nicht in Arabien warm spazieren; und wer da Durst leidet, nicht aus den Quellen des Brocken trinken. Das sollte, däucht mich, so bar richtig sein, daß Niemand dabei die Brille aus der Tasche zu holen nötig hätte. Nun läßt man denn zwar dies auch an seinen Ort gestellt sein: behauptet aber doch in großen und kleinen Büchern, und auf Schulen und Akademien, daß die Sache in der Kunst sich ganz anders verhalte. Und wie denn? Lassen Sie mich gleich zum Zwecke schreiten.

Ein junger Teutscher, in der vollen Blüte seiner Kraft stehend, zum erstenmal von der Himmelslust der Liebe einer Enkelin Hermanns trunken, wird aus ihren Armen vom Krieg hin nach Amerika gerissen, und das holde Wesen gibt ihm mit Tränen und tausend Herzensküssen, vor Elend vergehend, ihr Bildnis zum Abschied, das ihr, wie lebendig, ihr Bruder der Maler gemalt hat. Dem sollte, sagen die Herrn, ein alter geschnittner Stein schöner sein, wenn er seine Augen wieder hätte. Oder ist dies der Fall nicht?

Ich meine, doch: wenn wir statt des jungen Teutschen jede Nation in ihrer Vaterlandsliebe nehmen. Wer ihr am täuschendsten die Gestalt wieder gibt von dem, was sie genossen, was sie verloren;

---

[5] Der Anfang fehlt, so wie verschiedene persönliche Stellen: weswegen das Erste für manche Leser vielleicht einige Dunkelheit haben mag, die sich aber doch gleich aufklären wird.

wer ihr das wie wirklich macht, was sie glaubt, sich einbildet, hinter den Bergen sieht, oder hinter den Wolken, oder hofft und erwartet: der ist für sie der größte Künstler. Und wollen Sie die Scholiasten darin nicht irre machen, ihr das glatt abstreiten? Und hat die Nation nichts destoweniger nicht Recht? Wenn der Kunstrichter sich aus ihrer Zone schwingt, aus der Welt hinausträumt, und jüngsten Tag hält; dann ist dies freilich eine andre Frage. Dann kommen wir an die Urformen der Schönheit, so wie sie der göttliche Verstand entworfen. So lange wir aber noch rund um den Erdkreis leben, können wir nicht lauter Phrynen und Laiden im Bette haben. So viel dann zur Rechtfertigung des Publikums. Nun noch ein Wort vom Künstler.

Die bildende Kunst hat sich so weit von ihrem Ursprung entfernt, daß sie heutiges Tages kein Alter mehr hat: entweder Gespenst ist, oder heilige Erscheinung, oder so verklärt, daß man wenig von unserm Fleisch und Bein an ihr sieht. Doch, ich will Ihnen ohne Umschweif sagen, was ich denke.

Ich habe Mitleiden mit den jungen Menschen, die Maler werden wollen, wie so verkehrt sie fast überall, erlauben sie das Wort, *zugeritten* werden. Ohne das geringste vorläufige Studium der Mathematik und Anatomie müssen sie, nach einigen beliebigen Kritzeleien von menschlicher Gliederform und Figur, mit der hölzernsten Idee von Proportion und Gestalt, sogleich über einen alten Kopf her; dann einem meistens verwahrlosten Modelle gegenüber sitzen: dann Farben, wovon sie wenig begreifen, nachsudeln; und endlich komponieren, wie sie's heißen. Es ist leicht zum Voraus zu sehen, was für Vögel aus einer solchen Hecke fliegen werden.

Der größte Verderb, meiner Meinung nach, ist das voreilige Gestör an den Antiken; welches hier noch mehr Schaden verursacht, als das Geleier unsrer Buben auf Schulen über den nimmer satt gedolmetschten Horatius, und das Geperorire der ewigen Perioden des Marcus Tullius Cicero. So wenig Dieser kindliche Seelen – Römergeist unter Cäsar und Brutus zu fassen vermögen, der wie Orkan gen Norden und Süden, und Osten und Westen, über Nationen schwebte: so und noch weniger jener Herzen und Phantasien einen Sieger zu Olymp, oder die Gefühle und Einbildungen nach dem Genusse des höchsten irdischen Schönen eines Praxiteles.

Diese Weise zu Werke zu gehn ist so verkehrt wie möglich. Sie fangen bei der obersten Stufe an, und meinen, daß man die andern alle überspringen könne; ohne zu bedenken, daß bei der Kunst wie bei der Natur, eben so wenig etwas per saltum geschehe. Wie will sich zum Exempel ein Anfänger, der noch nicht davon gehört, ob Delos zu Wasser oder Land gelegen; ob die Leute da Freitags und Sonnabends Fisch oder Fleisch gegessen; und der überdies noch keine Otter Jemand ins Bein stechen gesehen, nur einige richtige Vorstellung machen von der Erscheinung des Apollo zu Belvedere? Wie kann er, nicht wie Winkelmann als Grieche den schönsten der Götter in ihm, nur die höchste jugendliche Schönheit in dem Jüngling erkennen, mit der verachtenden Größe und Stärke über alles, wozu er sich nicht hinneigt, und der Unüberwindlichkeit für diejenigen, die sich unter seinen Schutz begeben, und dem Grund und der Fülle von Feuerliebe gegen Freund und Freundin?

Wie will er in ihm fühlen den Augenblick des Siegs über ein Ungeheuer; den Genuß edler Rache; das Vertilgen des, was wider seine Natur streitet; das Strenge des Gottes in der sich aufziehenden Unterlippe; und den verachtenden Blick unter der Allmacht der hervorgehenden Stirn?

Der Verstand, der überall hervorsonnt, dessen, der alles gemacht haben könnte, in dem Gesichte, wo die Gottheit wie eine Blume aufgegangen: die ganze Frischheit der Jugend in der Überfülle der Haare die Stirne hoch und herum: die Leichtigkeit der Schenkel und Beine, und die schwebende Stärke an den sanften Knöcheln des Knie's, und den reinen keuschen Fuß, der lauter Himmel betreten zu haben scheint? Mit einem Wort, wie will ein Kind an Geisteskräften, das an den Mittelmann seiner Gegend noch nicht reichen kann, am Apoll den Jüngling in sich seh'n, unter dessen Anführung sich selbst Alexander begeben haben würde? Den höchsten Überflug menschlichen Vermögens nachtun? Wie kann es vor dem Sonnenkopf die Augen niederschlagen, und wieder davor erschrecken, und davon entzückt werden, entzückt werden, daß es nichts mehr von sich weiß, und seine Sinnen vergißt!

Und so was sollt' einer zuvor doch wenigstens, eh' er nur ein Bein von ihm nachzuzeichnen sich gelüsten ließe, einmal, zweimal und dreimal.

Wie kann ein solcher Lehrling fühlen im Laokoon das schmerz-lichste Seufzen schwindender Stärke nach dem heftigsten Entsetzen in Priester, Vater und großem Mann, der getan, was er vermochte, und dessen äußerste Kraft überwältigt ist?

Wie so ein schwaches Ding im Herkules fühlen, die höchste Stär-ke, die menschliche Form hegen kann, zu ihrer Reife gediehen; wo nichts überladen, nichts hinzugetan, sondern alles aus seinem Keim entsprossen ist; und wie wir dagegen alle niedre Art von Menschen sind?

Oder im sterbenden Alexander gleichsam das Sterben des Jüng-lings den Tag vor der Hochzeit mit seiner Teuererworbenen: den mörderlichen Zug des Schmerzens durch den, der alles vermocht und überwältigt hat, des Schmerzens, der dem Wesen ganz fremd ist, und nur durch die höchste Ungerechtigkeit hineingeschlichen wütet: den Heros, in dessen versunknem Löwenblick noch die Spur von hundert gewonnenen Schlachten hervorflammt, aus dem tiefen großen Auge, das ganze Welten faßte, unter der unerschrocknen Stirn, die noch wie ein Fels steht, indes die Oberlippe rechter Seite im Zug ist?

Oder nur im Solon den lautern scharfen Blick, die Richtigkeit des Verstandes, die Stärke der Überlegung: wie aus ihm der feinere Athenienser lebt, und sieht über die feinen Athenienser und über Griechenland: wie die hervorgehende Spannung der Muskeln am linken Auge, die sich aufwölbende Stirn, das Festgehaltne überall den Gesetzgeber zeigt, so wie die volle geübte Kehle den gewalti-gen Redner zum Volke: den Menschen, der nur einmal auf der Welt da war, und seinesgleichen nicht wieder hatte?

Der weiblichen antiken Schönheiten, die noch mehr unserm Sinn entrückt sind, mag ich kaum erwähnen. Wie wollt er nur zum Exempel das höchste Ideal der Schönheit von Mutter und Weib in der Niobe erblicken, und den unbezwinglichen Mut, über den der Schmerz, wie über einen Damm schießt, dessen Übermaß er nicht aufzuhalten vermag: das Weib, das bei dem schrecklichsten Leiden noch in ihrer ganzen Kraft und Vollkommenheit da steht; das zu atmen scheint: siegst! aber ich bleibe wer ich war, groß, edel und schön vor allen Menschen – die Harmonie des Ausdrucks in den Lippen und dem Blick der Augen, das Anhalten des Innern, und den gestemmten Nacken voll Erhabenheit und Majestät! Oder in ihrer schönsten Tochter ihre Tochter, die Unschuld, und das überirdische ihres Wesens aus dem hellen Aug unter der stolzen Stirn in jungfräulicher Furcht und Ängstlichkeit.

Man wendet ein: es geschieht der schönen Form wegen, die in der Natur selten oder nie zu finden ist, und nicht der Bedeutung halber. Und ich antworte: daß es keine echte Form ohne Bedeutung gibt, und daß, wer die Bedeutung nicht versteht, auch die Form nicht erkennen, vielweniger sich eigen machen kann.

In Wahrheit, bester Freund, ich glaube, daß kein Mensch an einem Werke der Kunst, es sei auch noch so vollkommen, etwas empfinden könne, wovon er nicht schon etwas gleiches in der Natur oder für sich empfunden habe.

Noch mehr: ich glaube, daß kein Mensch ein Werk der Kunst so wahr empfinden könne, als der, welcher es gemacht hat.

Und noch mehr: daß es alle Menschen anders empfinden, und daß der Genuß davon immer im Verhältnis mit ihrem Leben stehe. Die Phantasie kann nicht eher ins Herz regnen, als bis der Verstand aus Herz und Sinn Wolken gezogen hat.

Alles das Abconterfeien, das Gehudele der Schüler an den Werken der Meister ist aus dieser Ursach nichts nutze. Selbst Meistern wird es schwer, den Gang und die Erfahrungen, oder das Leben eines andern ausfindig zu machen unter den unendlichen Proteusgestalten der Dichtung. Wir haben zwar alle nur einerlei Magnetnadel durchs Leben; aber nichts destoweniger folgt jeder gute Kopf seiner eignen; denn die Wege darin sind unendlich verschieden. Der läuft auf den Heringsfang aus, und jener segelt ins Morgenland, und ein dritter tauscht seine eiserne Nägel mit den Mädchen zu Otaheite.

Doch, damit ich nicht abschweife, wieder zur Sache.

Dies voreilige, ich mag wohl sagen, sinnlose Abreißen der Antiken ist die Hauptquelle, woraus die andern Übel entspringen. Fürs erste gewöhnt sich der Knabe an eine Gestalt und Proportion, die er im wirklichen Leben nie wieder findet, weswegen er denn alles verachtet und lästert, was unser Herr Gott gemacht hat. Etwas eignes zu erfinden, das einem alten Apoll oder einer Venus gleich, und doch nicht sie selbst, nicht Kopie sei, ist ihm natürlicher Weise hernach nichts destoweniger nicht möglich, so wenig möglich, als einer fliegen kann, der aufwacht nachdem er sich im Schlaf zum Adler geträumt. Was tut er denn? er verzerrt ein griechisches Bildsäulengesicht in hundert andre zu seinen Figuren, so daß der wahre Kenner der Natur und Kunst seinen Greuel daran haben muß: denn da kann nichts lebendiges, nichts gefehltes sein, sondern lauter *aegri somnia.* Auf solchem Wege werden die Neuern nie wieder die hohe Staffel der Alten erlangen.

Die Antiken sind eine Bande Komödianten, mit denen sie dann in der Welt herumstreichen, und denselben die Kleider anziehen, nach den Rollen, die sie spielen sollen. Zeus macht Gott den Vater, Apollo den Sohn, Niobe oder ihre Tochter die Mutter, und die Sklaven die Schächer am Kreuze; Merkur den Engel Gabriel, Herkules den Simson, Venus die Eva, Pan Mosen, und Laokoon irgend einen Propheten.

Glauben Sie nicht, daß dies ein Scherz sei. Auf solche Weise hat selbst der erfindrische Poussin die vornehmsten Antiken, z. Ex. in seinem berühmten Manna, auftreten lassen.

Laokoon stellt darinnen vor den kranken alten Juden. Die Königin *Niobe*, die Frau die ihrer Mutter die Brust reicht. Einen andern alten Israeliten, die Bildsäule des *Seneca* in der Villa Borghese. *Antinous* einen jungen Menschen, der mit diesem spricht. Die zween Buben, die sich zusammen um das Manna balgen, *ein Sohn des Laokoon,* und *ein Fechter aus dem Mediceischen Pallaste.* Eine andre Frau, *die Diana im Louvre.* Einen jungen Juden, *der Vaticanische Apollo.* Ein Mädchen, das ihre Schürze aufhält, *die Mediceische Venus;* und einen andern Mann auf den Knien, *Herkules Commodus;* wie Sie sich davon in seinem Evangelisten Felibien überzeugen können, wenn Sie meinen Worten nicht Glauben beimessen.

Es ist freilich kein Wunder, daß dieses Stück so sehr bewundert ward, da es eine Truppe vorstellte, dergleichen nie kein Dichter gehabt hat.

Wenn noch jeder, der gleiches sich unterfing, so sinnreiche Schauspiele machte, wie Poussin, und so Römer wär, als er; dann immerhin. Es könnte doch mancher Heide seine Lust daran haben; müßt' es auch gleich den Liebenden wehe tun, ihre Idolen des Götterstandes so entsetzt, des süßen Lebens und der ewigen Herrlichkeit so beraubt, und zu dem Nichts von Kömödianten herabgewürdigt zu sehen: so aber braucht man sie oft zu schlechtern Diensten, als Marionetten, und hext sie noch dazu krumm und lahm. Kurz; man schreit mit den Versen, worin Homer den Zorn des Achilles sang, einen Seidenstrumpf aus.

Ich kehre wieder zurück zu dem was ich gesagt habe. Jede Form ist lebendig, und es gibt eigentlich keine abstrakte. Alle Schönheit entspringt aus Art und Charakter, so wie jeder Baum aus seinem Keim wächst. Die Natur bringt nichts geflicktes hervor; und demnach darf es auch die Kunst nicht. Der Kopf des Apollo würde auf dem Rumpfe des Antinous Prahlerei sein, und an der Diana die eingezogenen Schenkel der Mediceischen Venus Notzüchtigung. Und was kann anders herauskommen, wenn die Virtuosen da ein Bein abmalen, dort einen Kopf, und hier einen Hintern? Da etwas von Raphael noch dazu nehmen, dort von Tizian, und hier von einem andern? Daher sind denn verschiedene Galerien auch so voll von Weltbürgern, daß wenige darin recht wissen, woher sie zu Hause sind.

Zwar muß ich eingestehen, daß die Kunst der Natur im Natürlichen nimmer gleich kommen kann, das Ideal mit unter verstanden. Bis so weit reichen unsre Sinnen nicht, und unser Gefühl vom Ganzen. Und wer ist auch der ewige Jude, der an jeder Figur sagen wollte: dies Nasenloch ist wahr, dieses falsch? Aber wir können doch bis aufs unendliche Feine gelangen. Der höchste Ausdruck in den Gestalten Raphaels kömmt zuweilen von einer so zarten Schwingung von Linie, daß sie dem schärfsten Zeichner kaum zu wiederholtenmalen gerät. Hat jeder nicht dieses glückliche Bewußtsein, so geb er uns wenigstens nicht lauter gläserne Augen, angesetzte Ohren, und ausgeschnittne Nasen.

Der Schluß von allem.

Die Iliade ist bis itzt das erhabenste epische Gedicht geblieben, und wir haben noch nicht einmal Perser des Aeschylus wohl; geschweige einen Vatikanischen Apollo, eine Niobe und mediceische Venus. Woher? Weswegen? weil nach dem griechischen Volke kein andres in der Blüte und Reife seiner Weisheit so jung, so eins, und unter beständigem Kampf so frei war, und so in guter Natur lebte und webte, von keiner fremden Kunst übermeistert. Nach ihnen gingen hervor die Römer, die nicht so jung waren, und nicht so ein ursprüngliches Ganzes ausmachten in Klima, Religion und Regierungsform, und sich von den Griechen in aller Kunst meistern lassen mußten. Und wir sind Barbaren aus allen Ecken der Welt zusammengestäubt.

Als der Mensch, nach unzähligem Ungemach, in den letztern Zeiten dem Genuß seiner ihm eignen Glückseligkeit wieder auf die Spur gekommen, so war er noch zu matt und zu schwach, aus eigner Kraft dieselbe sich zuzubereiten, und trug zusammen; Und raubte dann, davon verwöhnt und lecker gemacht, und plünderte. Und von dieser heillosen Unart haben wenige seit dem nachgelassen.

Was sollen aber die jungen Leute treiben? Womit den Anfang machen, Fortgang, Mittel und Ende? Da mögen sie zusehn! Das lernt sich nicht, wie das Rechnen: ist freie Kunst, keinem Lehrer unterworfen. Zur Nachtigall läßt sich kein Spatz abrichten, und kein Esel zu der Stute, die in Warschau den Preis davon getragen.

Es war einmal ein Mann, welcher unter den glücklichsten Einflüssen von Sonn und Mond und Wind und Wetter aus dem Chaos ins Dasein den wundervollen und unbegreiflichen Sprung getan. Und als er in frischer und reiner Kraft da war, hegte und pflegte ihn Mutter Nacht als ein liebes gutes Weib.

Und er ward geboren, und wuchs auf.

Überall herum wurd es nun nach und nach seinen Sinnen Tag; Und er hing sich an jedes gute Ding, eins nach dem andern, mit so viel Lieb und Wärme, als ob es Braut und Bräutigam wäre. So gewann er denn alles, was ihn rings umgab, und macht es sich sein eigen; und wurde Knab und Jüngling und an Natur immer reicher.

Er hatte zu viel, um alles zu behalten, und mußte mitteilen: mitteilen seinen Mädchen und Freunden, und deren Mädchen und Freunden, und den unschuldig Verunglückten, welche wenig von Gottes Gütern erhalten.

Auf was Art und Weise?

Nicht mit Worten. Ach! diese schienen ihm so lediglich von der Oberfläche abgegriffen und abgehört, so bloß zum Handel und Wandel erdichtet und eingerichtet, so allgemein, so verbraucht, so verstümpert, und schon so von alten Zeiten her, daß die meisten sie auswendig gelernt, als ein totes Kapital, und selten einer mehr weiß, woher er sie hat. Er fühlte dabei seine herrlichsten Früchte so oft als leere Hülsen in den Mund genommen, und so das hunderste für das tausendste, daß ihm alle Lust zu diesem Mittel verging, und er ein andres wählte, welchem mehr Freude beschieden; und zwar das natürlichste, nach der zu beschränkten Bildhauerei, der ersten und edelsten unter allen Künsten: jedes Ding durch eine zauberische Täuschung so eigen wie möglich wieder zu geben, als es ihm geworden. Er lernte die Sprache von Tag und Nacht, Kolorit und Licht und Schatten; die Linien des Lebens kannt er schon. Und dann Ferne und Ideal. Und brauchte dazu Schulmeister, die in deren Grammatik ziemlich bewandert waren, und versuchte sich an Hunden und Katzen und Mädchen und Buben und Vögeln und Bäumen zu allerlei Stunde.

Nachdem ihm dies gelungen, so ging er auf die hohe Schul Italien, und las und studierte da die Meisterstücke der Griechen vor zwei tausend Jahren, zu Venedig, Florenz und Rom, dem Königinmütterchen der Welt, und schrieb sich die schönsten davon ab; und sang die Oden von Buonarotti, und die Volkslieder von Caravaggio, und studierte wieder die Werke des Tizian und seiner Vorfahren ihre, und hörte dann die andern trefflichen Komödien und Tragödien und Schäferspiele und Opern der großen welschen Meister aufführen, und ergötzte sich an ihren Heldengedichten.

So trieb er da Wirtschaft sieben Jahr lang. Machte während der Zeit Bekannt- und Freundschaft mit verschiedenen Vornehmen. Gab selbst Stunden und las Collegia, und dichtete unterweilen für sich ein Lied voll Saft und Kraft; und reiste dann mit einem ganzen

Beutel voll Geld und vielen Kostbarkeiten oben drein wieder nach Hause.

Als er da wieder warm geworden, und ausgeruht und ausge-schlafen und wieder herumspaziert, und wieder unter seinen trauten Angehörigen war, in ihren Kammern und Klöstern und auf ihren Äckern und Wiesen und Weiden, und in ihren Marställen, und zwischen seinen Hügeln, in Wald und Tal und Hain und Flur, an Bach und See, so lieb und gut und allem so treu, und mit so viel Gaben des Glücks und Geistes ausgerüstet; so konnt es nicht fehlen, daß er bald gänzlich der Liebling seines Volks wurde. Er rede nur die unmittelbare Sprache seiner Natur so meisterlich und mit dem Verständnis, womit Homer und Aristophan die ihrige sprachen, und sein Ruhm ging aus in alle Lande.

Und dieser Mann heißt *Rubens*.

Vergeben Sie, Gütiger, daß ich Ihnen dies alles in Gedanken, was Sie wohl besser wissen, nach einander hergeschrieben. Weil es steht, mag es bleiben. Vielleicht macht es Ihnen Vergnügen, wenn wir hier und da zusammentreffen; und wo nicht, desto besser für mich.

Freilich war Rubens ein solcher Mann; ein solcher Mann und weit mehr. Großer Maler voll Gefühl und Umfassungskraft, großer Mensch und Staatsmann, liebevoller Gatte, zärtlicher Vater, treuer Freund gegen seine Schüler, und wahr und herzlich und überaus gut; nicht neidisch und falsch und grausam, ja grausam gegen sie, wie Tizian und andre gegen die Ihrigen, und sonder Neid und Ver-läumdung bei allem Schönen, wo er's fand: ganz in sich selbst ohne viel Worte gegen Großsprecher und Schwätzer, und warmer Patriot; und bei diesem allen noch immer jung und voll Liebesleidenschaft, und herrlich und prächtig, wie der König Adler in den Lüften.

Und dies wird er immer sein und bleiben, so lange sein Name und seine Werke dauern, trotz aller Verkleinerungen und Aneckelungen verschiedener Schulmeister und Schüler. Für ihn eine Apologie zu schreiben, wär' eben so überflüssig, als eine Apologie der Natur. Griechische Schönheit konnt er nicht, wie keiner, aus nichts erschaffen; Römische war schon da, von Raphael und Polydor und Julio; und warum nicht besser Flamändische für Flamänder? Fülle und Feuer gleichen Gefühls, als sie und die Griechen hatten, auf seinem Boden empfangen und geboren? Wer nicht nach Flandern reisen will, der reise nach Rom und Athen: aber dem Lande seiner Schönheit unbeschadet. Ich für mein Teil will freilich auch lieber im Julius auf dem Kessel des Aetna die Sonne aus dem Meere steigen und die Tiefe in einen Brand von Entzücken stecken seh'n, als auf einem Holländischen Damm mich setzen und Pfeffer und Kaffee heransegeln seh'n: und lieber in den Vatikanischen Hof und die Mediceische Tribune mich einsperren lassen, als in irgend einen andern Kunstort in der Welt: und möchte freilich auch gerner eine schöne reizende junge Georgianerin zum liebenden Engel haben, trauter Papa, als alle Farben samt und sonders, die je die Niederländer mit ihren fünf Fingern auf Holz und Leinewand getragen. Aber ich lasse nichts destoweniger jedes in seinen Würden. Und dann sollte überdies noch mancher Sultan sich in Rubensens schöne nackende Weiber vergaffen; so vergaffen, bei'm Jupiter! daß er in seines großen Propheten Paradiese zu sein meinen würde; wo alle Lust voller, alle Feldnelken gefüllte, und jede Dornblüte in eine Gartenrose verwandelt wäre. Wie es denn oft in der Tat so ist.

Künftig die Beschreibung verschiedener Gemälde von ihm.

IV. Über einige Gemälde der Düsseldorfer Galerie

An Herrn Canonicus Gleim

Es geht mir im Kopfe herum, teurer Freund, daß ich Ihnen Gemälde von Rubens zu beschreiben versprochen; und fast gereut es mich. Gemalt und beschrieben ist schier so sehr von einander verschieden, wie sehen und blind sein: wie der Zeiger einer Uhr im Julius auf der Ziffer Vier – von dem Morgenrot auf der Höhe des Brocken. Selbst die Beschreibungen Winkelmanns sind nur Brillen; und zwar Brillen nur für diese und jene Augen. Und ich verzweifle beinah in dergleichen Sachen an allen Worten.

Indessen, denk ich, würde doch jeder der in gleicher Verzweiflung schwebte, eine aufgefundne alte Handschrift, welche Beschreibungen der schönsten griechischen Gemälde zu Alexanders Zeiten enthielt, mit Hoffen und Erwarten zur Hand nehmen, und daran in Entzücken bangen, wenn sie nur einigermaßen trefflich wären. Man hätte wenigstens Idee, Zusammensetzung, Vergleichung: und manches leicht feuerfangende Herz weinte wohl gar dabei noch Tränen, so süß, als läg es an der Urne seiner Geliebten.

Und dies macht mir wieder Mut.

Jedoch geb ich Ihnen aus keinem Gemälde mehr, als die Idee und das Malerische derselben, so wie ichs erkenne; weil ich zu überzeugt bin, daß alles andre mit eignen Augen muß gesehen werden, wenn man keine Ausgabe in vsum Delphini zu besorgen hat.

Wir haben soviel Gemälde von Rubens, daß unsere Sammlung für eine der stärksten davon gelten darf; aber doch fehlen uns seine zwei höchsten Meisterstücke. Nämlich: seine Odyßee über Heinrichs Gemahlin Königin Maria von Medicis zu Luxemburg in 24. Gesängen, worin leider! einige Heiligen das Schönste, was Rubens nach Kennern gemacht hat, die drei nackenden Grazien verdorben haben; und seine Abnehmung von Kreuz zu Antwerpen. Und außer diesen fehlen uns noch die meisten seiner Lieblingsstücke, die er bloß für sich, und seinen Freunden zur Lust, gemacht hat; welche mir unter allen von ihm am liebsten sein würden, weil man darin den schönsten Schatz seines Lebens findet.

Überhaupt kann man aus hundert Gemälden von Rubens, mit den besten Gründen, über ihn das ungerechteste Urteil fällen, da wenig Maler so viel Stücke als er gemalt haben, so daß sie nach den Nachrichten der Liebhaber sich auf einige Tausend belaufen. Es ergibt sich aus dem gesunden Menschenverstande, daß er die wenigsten selbst ganz hat ausmalen können, daß er zu verschiedenen nur die Skizze gemacht, und zu manchen bloß die Idee hergegeben. Zwar war er, bis auf die letzten Jahre seines Lebens, immer gesund und stark und geschäftig, und alle seine Arbeit schnell; allein er mußte noch, außer der Menge, oft wichtige Reisen tun, und Frieden stiften zwischen großen Mächten, und von zween Königen zum Ritter geschlagen werden; weswegen er sich doch nichtsdestoweniger bloß für einen Collegen aller Maler hielt. Und während der Zeit arbeiteten für ihn seine herrlichen Schüler, die manchen Fehler begehen konnten, der itzt auf seine Rechnung geschrieben wird.

Und dann, was für Unsinn wird einem Maler oft nicht *aufgetragen*, den er aus hundert Ursachen nicht von sich ablehnen darf, womit Apelles, Aristides und Protogenes samt dem Pamphilos in einer Generalversammlung nichts gescheutes anzufangen wissen würden?

Und wer hat endlich immer Lust, etwas durchaus fürtreffliches zu machen unter hundert und tausend Stücken für allerlei Leute? Einen großen Mann sollte man allein nach seiner eignen uneingeschränkten Idee schätzen: alles andre ist Zeit und Zufall unterworfen.

Und diesen Maßstab muß man auch bei Rubensen brauchen, wenn man ihn richtig beurteilen will, wenn man ihn als Maler beurteilen will. Es könnte einer überdies, wo möglich, Bedeutung haben, in gewisser Rücksicht, wie Raphael, Anmut wie Correggio, und Wahrheit der Farbe wie Tizian, und doch nur im Grund ein mittelmäßiger Maler sein, wenn er keinen Instinkt und kein Auge hätte, wenn ihm die Naturgabe fehlte, das Malerische in einer Begebenheit, an Ort und Stelle, in einer Gegend zu fassen, oder hinein zu dichten, und in ein neues lebendiges Ganzes zu bringen, woran das Herz sich laben und die Seele sich erquicken kann. Was sollen uns alle die klassischen Figuren, die keinen Genuß geben? – O heilige Natur, die du alle deine Werke hervorbringest in Liebe, Leben und Feuer, und nicht mit Zirkel, Lineal, Nachäfferei, dir allein will ich ewig huldigen!

Doch einmal voran.

Ich werd Ihnen nur wenig Gemälde, die wir von Rubens haben, beschreiben, weil er sonst zu viel dabei verlöre; und ohne weitere Ordnung, als wie sie hier im Saal mich an sich ziehn: weder nach ihrer Größe, noch ihrem Berühmtsein, noch dem Urteile der Kenner mich richten, sondern bloß und allein dabei in Unschuld eignem Herz und Sinn folgen. Wie könnt auch hier die Gelehrigkeit selbst auf die Stimme der großen Richter merken: da Herren unter ihnen von gleichem Rang und Ansehn (dem Vorgeben des Publikums nach) Dieser das nämliche an Rubens als Schönheit preist, was jener als Fehler tadelt; und zum Unglück jeder ein Franzos ist, Kunstrichter aus dem Lande der Theorie, der Kritik und des Geschmacks.

Die Flucht der Amazonen

Dieses Stück ist der erste Stern, der an den Himmel unserer Galerie sich gezogen. Der Kurfürst, welcher dieselbe stiftete, ein Herr, der des Enthusiasmus fähig war, und Kraft hatte darin zu beharren, erhielt es von ohngefähr, und wurde nach und nach beim öftern Beschauen so entzückt davon, daß er auf einmal Liebhaber wurde, und mit der Zeit die große Sammlung veranstaltete; welche unter besserer Anleitung noch auserwählter würde geworden sein.

Ein erschrecklicher Kampf zwischen den zwei Geschlechtern, wovon man nicht eher völligen Genuß haben kann, als bis man in die entfernteste Natur hinunter gestiegen.

Ein malerisches Schlachtgetümmel, wo der Sieg endlich sich entschieden hat. Die armen Heldinnen müssen der Obermacht unterliegen, werden geschlagen, sind auf der Flucht, und die Feinde setzen ihnen über eine Brücke nach. Die Verspäteten, und wohl die Tapfersten, werden zum Teil gefangen genommen, und zum Teil in der Wut ermordet, und fackeln zum Teil auch nicht, und ermorden wieder. Das beste vom Kriege für ein Heldenherz, die Lust nach Schweiß und Gefahr; und noch dazu mit Mädchen, die mit dem Schwert Männer anzugreifen sich erkühnt, wilde, grausame und doch reizende Empörerinnen wider die Rechte der Natur. Ein furchtbar schönes Schauspiel, dergleichen es wenig gegeben.

Der Anfang, linker Hand des Gemäldes, macht ein schon fernes Getümmel der Flucht von Weibern und Pferden. Darauf setzen ein Paar braune Streitrosse, ihrer Reuter entledigt, von der Brücke. Das vorderste ist so scheu und wild, daß es die fliegenden Mähnen noch in die Höhe sträubt, die Zähne fletscht, und Dampf aus der Nase schnaubt: und das andere schlägt hinten aus, noch vom Gefecht entflammt. Dann kommt eine Amazone mit eines Heerführers Kopf in beiden Händen, den sie auf der Brücke noch abgehauen, wo der Rumpf vom Stummel ins Wasser blutet; und dabei in der rechten das blutige Beil. Sie sitzt auf ihrem Rosse, gleich jenem Römer, der die Feinde abhielt, bis die Brücke abgebrochen war, noch den Verfolgern entgegen, und ein Krieger greift ihr nach der Beute, die sie nicht lassen will. Neben ihr kämpften noch zwo (wovon unten die Erschlagenen zeugen, und die ausziehenden Pferde) die eben in den Fluß mit ihren Wunden samt den Rossen stürzen.

Dies ist die schönste Gruppe im Ganzen, und wohl mit dem Strome die erste Idee dazu; und vielleicht das kühnste, was je gemalt worden.

Die erste ist im Sturz von der Brücke, den Kopf schon unterwärts, wo von einem Hieb aus der Stirne Blut fließt: ohne Bewußtsein, das Mordgewehr noch in der Faust, und die Knie im Sattel. Aus dem Köcher fallen die Pfeile. Ihr nach das Pferd, dem ein Wurfpfeil im Halse steckt, die Vorderfüße voran, den Bauch oben, und die Hinterfüße von sich streckend. Unter ihr platscht die andre, gleichfalls mit dem Kopf voran, nur noch völlig lebendig und im Ritt, mit dem Rücken und ihres Schimmels Rücken in den Strom, in dessen weitem Wellenschlag man den ungeheuren Fall sieht. Ein Gesicht noch voll Mordgier und Kampf, und Ergebung in alles, was ihr dabei zu Leide geschieht. Weiter hin im Wasser zur Rechten suchen ihrer zwo sich mit Schwimmen zu retten; und die stürzende Letzte schlägt mit ihrem Pferd vor denselben nieder, und die andre, wornach die eine voll Angst sich wegwendend sieht, kömmt von oben.

Und zur Linken steigt seitwärts der Kopf einer vom Sturz in die Tiefe Geschlagenen in Entsetzen wie ertrunken hervor, und über ihr stürzt im Dunkeln vom neuen ein Roß, dessen Reuter an der Mauer erschlagen liegt. Gleich vorn auf der Brücke wird einer die Standarte abgenommen, die sie aber nicht lassen will, und wogegen sie sich aus aller Macht wehrt. Schon ist sie an derselben zurückgerissen von ihrem sich in die Höhe bäumenden Rosse, womit sie aber doch noch eins ist mit den Schenkeln, gleich einem Centaur. Einer und noch einer arbeiten an ihr. Beide halten die Fahne am Wimpel fest, der eine zu Fuß und der andre zu Pferd, welcher letztere nach ihr, gelb und blaß vor Wut und Mordgier, mit dem Schwert in der Rechten aus Leibeskräften ausholt. Weiter hin rechter Hand wird zuerst wahrscheinlich die Königin gefangen. Sie hält das Schlachtbeil in ihrer geübten Faust, straff und stark; vermag aber nichts vor der Menge, und wird überall gehalten. In ihrem Gesicht ist Grimm über die eitlen Tyrannen und das Schicksal; Grimm und Verachtung in Augen und Lippen, und doch auch Bitterkeit des nahen Todes. Der eine hält sie bei dem Arm, und der andre bei der Schulter am Halse, und holt aus, sie zu erstechen; und einer hinter ihr richtet einen Wurfpfeil auf sie. Am Ende rechter Hand nebenan der Brücke kömmt eine gesprengt, wie ein zuletzt flüchtiger Alcibiades unter ihnen, in vollem Gehalt Amazonischer Freiheit und Eigenmacht, wovon sie alle aussehen; und das Roß ist im Begriff, weit ausgeholt in die Flut zu setzen, als ein Reuter, der sie da erreicht, ihr hinter drein einen Kopfspalter ziehen will. Schon hat er ausgeholt, und sie, sich umgewandt, sticht ihm, mit der größten Gegenwart des Geistes, bis zu Tränen vor Scham und Zorn brennend, daß sie fliehen muß, mit dem scharfen zweischneidigen Schwert unter den aufgehobenen Arm ins Haarwachs, daß die Sehnen springen und bluten. Über ihr wird eine samt dem Pferd in den Strom von einem jungen Reuter gespießt; und längs dem Ufer unter ihr zieht ein Hungerleider ein Paar im Treffen Gebliebene aus, um Beute zu machen: hat von der einen den Leichnam schon abgefertigt hingeworfen, und zerrt der andern das Gewand noch unter dem Hintern weg, um sie zugleich damit ins Wasser zu schütteln. Unter der Brücke selbst ist das fürchterlichste vom Schauspiel zu sehen. Sie hat nur einen, aber einen hohen, weiten und breiten Bogen, der von einem Michel Angelo gebaut zu sein scheint; welcher einen Schlagschatten von der größten Wirkung wirft, und das Licht aus der Ferne darunter her

erhebt und belebt. Im Strom und denselben hinauf ist lauter Herab-
stürzen, Schwimmen, Retten, Durchschwimmen, Kämpfen und
Ersaufen, ist Freund und Feind unter einander: weiter oben stehen
am Ufer in der Ferne Kriegsheere, und anbei eine Stadt in loher
Flamme. Der Fluß wälzt da und dort Toten auf.

Ich mag nicht mehr beschreiben.

Es ist ein Stück voll heroischer Stärke aus dem Zeitalter des The-
seus: nichts überladen, und alle Täuschung da, die mit Farben möglich zu machen ist. Gewalt in Männerschultern und Armen und
Fäusten mit dem Mordgewehr, und Brust und Knie: und in den
Bäumen, dem immer andern Satz und Strang und Wurf der Streitrosse. Feuerblick und Glut des Verfolgens, Wut und verzweifelte
Rache des Entrinnenmüssens in höchstem Weibermute: Hauen und
Stechen und Herunterreißen, Sturz in mancherlei Fall und Lage
samt den Rossen in den Strom, Blut und Wunden, Schwimmen und
Sterben, Blöße und zerhauenes Gewand und herrliche Rüstung;
wahrstes Kolorit von Stärke, Wut, und Angst, und Tod in Mann
und Weib: höchstes Leben in vollem Schlachtgetümmel unter
furchtbarer Leuchte zerrissenen Morgenhimmels. –

Die Amazonen haben kein träges Fleisch an sich, sondern sind
abgehärtet, edel, voll Gewalt und Feuer, und, nach ihrem Cirkassi-
schem Klima und den Antiken, leicht mit einem Untergewand und
kleinem roten Mantel darüber von der linken Schulter herunter
bekleidet, der ihnen beym Herabsturz ins Wasser meist abfällt,
nachdem ihnen entweder das Band reißt, oder durchgehauen worden, so daß die Bewegung der schönen Glieder überall lebendig zu
sehen ist. Sie reiten auf bloßem Hintern mit beiden Schenkeln auf
einem dünnen Sattel, nur die Beine vom Fuß zur Wade umwunden.
Ihre rechte Brust hat Rubens immer so auf die Seite gebracht, oder
in ein solches Licht, oder unter das Gewand, daß man wenig davon
gewahr wird: vermutlich, um dem Vorurteil auszuweichen, als
hätten die Amazonen den Namen daher, daß sie sich die rechte
Brust weggebrannt. Jedennoch kann man sehen, daß sie da ist.

Diese Heroinnen, welche gewißlich einmal ein mächtiges Reich
ausgemacht, wenn man nicht aller Geschichte und allen Volks-
denkmalen, der Bedenklichkeit eines alten Geographisten darüber
zu Gefallen, den Glauben versagen will, für dessen Weiber schon

das Ding freilich zu hoch sein mochte, hatten ihren Namen sonder Zweifel nicht daher, daß ihnen ihre Mütter auf eine alberne Weise die rechte Brust weggebrannt, sondern daß sie nicht wie andre Weiber waren. Sie hatten das gewöhnliche Weibliche abgelegt, den Gehorsam gegen die Männer und so weiter: deswegen führten sie den Namen Amazonen, Brüstelose; weil die Brüste die Weiber am ersten von den Männern unterscheiden. Überdies ist brustlose, wie mans gewöhnlich nimmt, zu allgemein für so sinnliche Naturmenschen, als die Alten waren; und sie müßten entweder die Rechtebrustlosen, oder die Einbrüstigen heißen, wenn der verzweifelte Einfall einiger Grammatiker statt finden sollte. Auch haben, zum Überfluß, die Amazonen unter den Antiken durchaus eine Brust so groß, als die andre.

Sanherib

Dies kleine Stück könnte der Triumph des Niederländers heißen über *Julio Romano* und *Le Brün*.

Zuvor die Geschichte.

»Als die Kinder Israel in der Babylonischen Gefangenschaft sich befanden, und der Stamm Juda unter dem guten König Hiskia allein noch frei war, wollte der König von Assyrien denselben vollends unterjochen, und forderte von ihm, wie er glaubte, eine unerschwingliche Schatzung. Nachdem Hiskia wider dessen Erwartung doch die verlangten dreihundert Centner Silber und dreißig Centner Gold herbeigeschafft; so überzog er nichtsdestoweniger Jerusalem mit Krieg, und sprach allen Göttern, samt dem, welcher Himmel und Erden gemacht hat, Hohn, und lagerte sich davor. Aber der Herr beschirmte seine Kinder auf das Gebet der Gerechten, und sprach zu ihnen durch den Mund des Jesaia, daß ihre Feinde werden sollten wie das grüne Kraut zum Heu auf den Dächern, das verdorret, ehe denn es reif wird. Und in derselben Nacht fuhr aus der Engel des Herrn, und schlug im Lager von Assyrien hundert und fünfundachtzig tausend Mann. Also brach Sanherib, der König von Assyrien, auf, und zog weg, und kehrte wieder heim, und wurde von seinen Söhnen im Tempel seines Gottes Nißroch erschlagen.«

Wie würden neunundneunzig andere die Geschichte vorgestellt haben?

Ein weites Feld voll Leichen zwischen Zelten und Pferden mit einem Häuflein Überbliebenen, die sich bei Anbruch des Morgens höchlich darob verwundern. Und in der fernen Dämmerung irgend einen Scharfrichter mit Schwanenflügeln.

Nicht also *Rubens*.

Ein schwarzer Donnerwolkenhimmel von Wetterstrahlen zerris-

sen – Der Engel herunter in die Nacht auf die Feinde – Der Luftraum steht in Flammen, und alles ist taghell, wohin die Rache
brennt.

Ein großes erhabenes Bild vom Zorne des Mächtigen mit allem
Schrecken und Grausen, fürchterlich lebendig im sinnlichsten Au-
genblicke.

Die größte Masse vom Licht des verzehrenden Feuers fällt in die
Mitte auf die Hauptfigur und Hauptgruppe, auf den Sanherib, der
vom Pferde stürzt, (welches scheu geworden, und nicht in den Blitz
will, und sich zurück in die Höhe bäumt) die rechte Hand an die
letzte Mähne klammernd mit dem linken halben Schenkel noch im
Sattel hängt, und mit der linken Seite und dem rechten Schenkel
hinterrücks übers Kreuz rechts herausschlottert. Neben ihm fällt ein
Getroffener in einem herrlichen Fall und Pferdesturz, welches die
Hinterfüße weit hinausschleudert: und unter ihm liegt ein Haufen
Erschlagener, noch warm tot, und schon verbuchen im stillestehen-
den Wetter zwischen Rossen und von Rossen zertreten, worunter
dieser und jener in der Höllenangst sich zu verbergen sucht. Eine

schreckliche Gruppe! Manchem ist nur die Hälfte des Lebens ver-
zehrt, daß der untere Teil des Leibes auflastet.

Linker Seite des Gemäldes geht alles in Flucht, nackt und bekleidet, von der Heiße des Lichts geblendet, und teils noch außer sich,
daß es sie nicht treffe, zurücksehend.

Diesseits des Wetterstrichs zur Rechten sind Zelten, und davon
einige in der Dämmerung auf schnaubenden und entsetzten Streit-
rossen mit Mäulern und Stirnen und Augen und Nasen empor voll
Schrecken und Erstaunen.

Dies ist nur das äußerste Flache von der großen Idee. Das Leben,
die schier handgreifliche Natur überall darin muß man selbst sehen;
davon läßt sich nichts mit Worten melden.

Zuförderst noch den Kopf des Sanherib.

Ein Gesicht voll lebendigen Todes, ohne Besinnung, wie eines in
der Flut Untergehenden. Das Entsetzen in den aufgesperrten Augen
und der ausgedehnten Stirn, die Losgelassenheit der Furcht und
Angst in allen Muskeln am offnen Munde, der Stolz überall an *dem
grausamen Kerl* zu Brei an die Wand geschmettert, ist mehr vielleicht, als der berühmte Kopf des Maxentius; ist Löwenstärke von
Einbildungskraft.

Und dann sein edles Streitroß, das vor dem Wetter scheu wird,
sich umkehrt, und vom schrecklichen Schlage, der Reuter und Pferd
eben neben ihn hinstreckt, schaumend zurücke stürzt. Ein Meisterstück von schöner Gestalt, kühner Stellung, Tieradel, und der für-
trefflichsten Zeichnung: und wohl eins der vollkommensten, die je
aus seinem oder irgend eines andern Malers Pinsel gekommen.
Beides, Roß und König im Fall, gehört zu dem, was Rubens in seinem höchsten Leben und Feuer gemacht hat.

Das Dasein eines jeden der andern bei der Scene, das Vergehen
der Menschen, und das Bäumen und Stürzen und gräßlich Scheu-
werden der Pferde, die Gegenwart, die Einheit des Ganzen ist sol-
chergestalt, daß man dabei an nichts einzelnes denken, und auch
nichts einzelnes in Beschreibung herausheben kann.

Das Kolorit ist durchaus kräftig und wahr, und mehr nach der
Natur verschieden, als in einigen seiner andern Stücke: und der

Pinsel so leicht und in Gewalt dem Feuer der Seele gleich geführt, daß er da und dort die Farbe des Holzes bis auf die Lasur gelassen, wo sie die Gestalt schon unverbesserlich für sich deutete.

Die Lichter und Schatten sind darin so verbreitet, Morgen, Nacht und Wetter so unter einander und getrennt und vermischt, als vielleicht die Kunst der Natur nur je nachzubilden vermag: Der schwarze Wolkenhimmel von Wetterstrahlen durchschlagen, die Dämmerung um die Zelte, der helle Tag auf den Assyrerkönig und die Toten zwischen Nacht, und auf die Rücken der Fliehenden, die sich immer weiter in die Finsternis drängen und verlieren.

Wahrscheinlicher Weise hat Rubens die Idee zu diesem Gemäld einmal unterwegs geschöpft bei einem fürchterlichen Ungewitter, das über ein Heer sich gelagert hatte, und seine Blitze mit den Flinten und Kanonen nach der Taktik der Electricität spielen ließ; wie mir gleiches Preußische Officiere von ihren Schlesischen Märschen versichert haben – und er sah vielleicht einen erschlagen werden, und einen daneben von einem Spanischen Hengste stürzen. Und als er nach Hause kam, wards gleich zum Sanherib unvergänglich aufs Holz getragen.

Dem gemeinen Mann hat Rubens mit halben Monden in einer Fahne die Geschichte näher ans Herz gebracht.

Die Entführung der Töchter des Leykippos[6] von den Dioskuren

Man hat auf der Galerie bis jetzt nicht recht gewußt, was dies Gemälde eigentlich für eine Geschichte vorstellen sollte; und ihm daher mutmaßlich allerlei Namen gegeben. Ich selbst hielt es, immer von andern Dingen zerstreut, bloß für eine Phantasie des Malers, und glaubte, daß er, wie der Psalmensänger vom Erker, einmal eines andern Fröhlichkeit im Bade gesehn, und sich unter fremdem Namen lediglich an einem Pinselraube begnügt habe, weil es ihm ein wenig zu grausam gedünkt, sich dabei als König aufzuführen. Und da mir jedoch, in dieser Einbildung, verschiedenes nicht genug geraubt war, so ließ ich meine Nachlässigkeit diese Momente für Gutheit durchschleichen; sintemalen ich mir zum Gesetz gemacht, nicht eher an einem sonst fürtrefflichen Menschen etwas zu tadeln, als bis ich deutlich den Grund davon erkenne, und von schweren Pflichten dazu genötigt werde.

Das Gemälde ward also durch meinen Begriff von mir angesehn, wie andre dasselbe durch ihren Begriff von der biblischen Geschichte der *Dina* betrachteten, durch ihren Begriff von dem Fragment eines Sabinerinnenraubes, von der Geschichte der Himmel weiß was für einer Prinzessin Armenia und so weiter: und folgendergestalt dem Maler große Gewalt angetan.

Heute früh geh ich aufs Feld, und stecke den Theokrit in die Tasche; gerat auf einer Anhöh an einen Bach unter eine hohe schattichte Eiche, wodurch der Wind spielte, und pflanze mich ins Grüne; blätterte nachher in dem was ich bei mir hatte, und besah, weil meine Augen keine Lust zu lesen hatten, obenhin die Namen, und stoß endlich mit der Nase auf die Entführung der Töchter des Leykippos von den Dioskuren, und finde das verlorne Gemälde.

Zwar ist schon gemutmaßt worden, daß die Reuter darin auch Kastor und Pollux sein könnten, weil es ihrer nur zwei sind; indessen wußte man dabei doch nichts mehr, als bei der Geschichte der Dina, außer daß man eher aus den Liebesgöttern und der griechischen Kleidung des einen Reuters klug werden konnte. Mich hin-

[6] vulgo Leucippus.

derte immer die Figur des Pollux, wie ich weiter berühren werde, eben so zu meinen, und die Idylle des Theokrit war mir eben nicht im Sinne, und Homer hatte dieser Entführung nicht gedacht.

Aber genug und satt davon.

Es ist die Entführung der Bräute des Lynkeus und des starken Idas, wobei die Söhne der Leda, wenn es sich zugetragen wie Theokrit zu ihrem Lobe singt, nun freilich mehr gezeigt, daß ihr Vater ein Schwan gewesen, als in unserm Gemälde; wo sie nicht so sehr Halbgötter zu sein scheinen, und gütiger aussehn. Auch dürfte man heutiges Tages, wo der Gewalt der Natur Flügel und Kralle abgeschnitten sein soll, auf Prinzen die gleiches täten, kein solches Loblied anstimmen, wie Theokrit auf den Kastor, dessen heißer Begierde der Sicilianer noch dazu das letzte Hindernis seinen Vater Zevs mit einem Wetterstrahl aus dem Wege räumen läßt, damit sie in aller Gemächlichkeit sich austobe: ohngeachtet ihn Braut und Bräutigam freundschaftlich zur Hochzeit eingeladen hatten. Welches jedoch Pindar in der zehnten Nemeischen Ode zur Ehre des Zevs ganz anders erzählt.

Die

Hauptperson in unserm Gemäld ist Kastor in griechischer Rüstung
auf einem braunroten Rosse, dem ein Amor den Zügel hält, mit
dem Pollux, der von seinem Schimmel gestiegen ist, dessen Zügel
gleichfalls ein Amor hält. Kastor zur Rechten, Pollux zur Linken.

Kastor hebt auf freiem Feld eine ganz entblößte junge Dame an
einem rotseidenen Tuche (das ihr vom Rücken am Hintern durch-
geht, der davon einen schönen Widerschein wirft) mit der rechten
um den in die Höhe gezogenen linken Schenkel am Knie herum, mit
der linken um den rechten Arm – nach seinem Rosse. Pollux hat
dieselbe unterm linken Arm mit seiner rechten Schulter gefaßt, und
hält mit der linken Hand ihre Schwester unter der rechten Achsel.

Die Schönheit der Gruppe ist schwerlich mit Worten nur einigermaßen sinnlich zu machen.

Kastors Roß steht rechter Seite des Gemäldes zu, und der Schimmel bäumt sich von der Linken her in die Höhe. Die beiden Jungfrauen sind in vollem Licht vor den Pferden in der Mitte.

Die erste, von der linken Seite her, mit den Brüsten und dem Kopf von ihrem Räuber abgedreht, der den linken Schenkel mit dem Knie schon oben am Sattel hat, indes sie das rechte Bein mit dem Schenkel am Pferde sinken läßt, den linken Arm über des Bruders Schulter hinausstreckt, und die rechte Hand an des Räubers Arm über das gehobene Knie hält.

Die zwote steht, gleichfalls von der linken Seite, an der ersten; erstaunt sich sträubend und den Rücken in die Seite krümmend, mit dem Gesicht nach dem Kastor sehend, und mit der Linken ihren Räuber etwas von sich haltend, der sie unter der rechten Achsel faßt. Ihr rechtes Bein steht, bis auf den Schenkel welcher sich schräg zieht, noch gestämmt auf den Boden, und der linke Schenkel, der ganz zu sehen ist, berührt fast mit dem Knie die Erde.

Pollux ist nackend, so weit man ihn sehen kann; denn die Mädchen verbergen von ihm Unterleib und Schenkel.

Kastors Gesicht ist wahrhaftig schöne männliche Jugend, im aufgesproßten braunen krausen Barte. Inbrunst leuchtet überall hervor. Die erhabene Stirn, das in süßer Begierde Wollust ziehende Auge, die Lippen voll Glut, und die Wangen voll Scham, der nervichte Arm, und das Hippodamische der Stellung machen einen reizenden Räuber. »Ach, daß ich dir Leid tun muß! (flüstert er) aber es war nicht möglich, daß du die Meine nicht sein solltest!« Das Bittende, die Zärtlichkeit ist unbeschreiblich: und die Kühnheit in dem über den Augen Hervorgehenden der Stirn, und die Blüte der Stärke.

Die Jungfrauen sind beide ganz nackend in blonden Haaren, die los und in Flechten den Lüften zum Spiele dienen, wie aus dem Bett oder Bade: und in Jugendfülle, die im Zeitigwerden ist. Der *Ausdruck* im Gesicht der ersten ist unbeschreiblich fürtrefflich: Ergebung, in der Ohnmacht zu widerstehen; Scham und das süßstechende Gefühl derselben, und Außenbleiben der Überlegung. Die Brüste schwellen sich empor in der drängenden Lage. Sie wendet das Gesicht vom Räuber, und schielt doch zurück. »Ha, nun bist du weg! (scheint sie zu seufzen) er hat dich!« und doch furchtsam Hoffnung künftiger Freuden. Der junge Halbgott, der das goldne Vließ zurückgebracht und den Archipelagus von den Räubern befreit, hat wider ihren Willen mehr Liebesgewalt über sie, als ihr Bräutigam, was bei einem Mädchen nicht anders sein konnte; aber doch geht ihr dessen Schicksal nahe. Es ist Furcht und Liebe; Zweikampf zwischen Moral und Natur; um die Augen das Bange und Süße, um die Lippen das Weinen und Lächeln. Nur eine Phantasie, wie Rubens hatte, konnte diesen Ausdruck treffen. Ihr Leib schwebt wie eine Rose im Gepflücktwerden.

Die zwote ist im Profil, voll Schönheit und Mädchenheit, und scheint sich auf das, was Mann ist, in Unschuld ein wenig zu verstehen. Sie blickt, sich lässig sträubend, nach dem Kastor, und was dieser mit der Schwester anfängt, und blickt nach ihm nicht ungern, und lieber, als nach dem, welchem sie zu Teile werden soll. Die Drehung, und das Ringen in den Muskeln des Rückens, wie überhaupt das Fleisch des ganzen Rückens gehört unter die fürtrefflichste Malerei.

In beiden ist Übergang von einem Glück zu einem größern; Furcht und Hoffnung; noch Mond und Stern im Herzen, und Aufgang und Sonne vor den Augen.

Den Polydeykis hab ich nie für eine Person von gleichem Stand mit dem Kastor nehmen mögen; denn er sieht mehr einem Begleiter und Gehülfen gleich; und man könnt ihn, wenn es nicht so sein müßte, gar leicht für einen Sklaven halten, der treulich beisteht, und, nicht ohne Bedauernis, voll Freuden ist über den glücklichen Fang.

Jedoch läßt sich Rubens dabei entschuldigen, und wohl gar rechtfertigen. Er bezog alles auf den Kastor, weil es ihm vermutlich nicht wahrscheinlich dünkte, daß beide Brüder sich auf einmal zugleich in zwo Schwestern so heftig verliebt hätten, daß sie dieselben ihren edlen und tapfern Bräutigamen, die sie noch dazu zur Hochzeit eingeladen, mit Gewalt entführen müssen. Pollux entführt also die eine seinem Bruder zu Gefallen, welches sie auch zu merken scheint; und sein Ausdruck war ihm daher in seinem Klopffechtergesicht nicht sehr vorteilhaft.

Kastor hat an der Einfassung des grünlichen Brustharnisches einen Medusenkopf. Pollux ist ganz ohne Kleidung bis auf die Beine, welche geschnürt sind. Der eine Amor denkt: »wird euch nichts Böses widerfahren;« und der andere sieht schalkhaft aus, und hat viel zu tun mit seinem Schimmel. Beide waren hier nicht überflüssig. Die Pferde sind stolz und wild und voll Feuer; doch scheinen sie zu fühlen, wobei sie zugegen sind.

Das Licht fällt auf die Mädchen, wie gesagt, und Roß und Mann erhebt das zarte Fleisch derselben unvergleichlich. Überhaupt gehört es unter die schönsten Stücke im Kolorit, die wir von ihm haben.

Es ist der malerischeste Moment dieser Entführung, obgleich noch zwo Scenen darin ebenfalls sehr malerisch sind. Die Figuren sind beinah in Lebensgröße.

Der Regenbogen, eine Landschaft

Bilden

Sie sich in Gedanken die schönste und fruchtbarste Flammändische Gegend ein, über die an einem Sommernachmittag ein warmes schwüles Gewitter mit Blitz und Strahl und Schlag und Regenguß gezogen, in dessen letzten electrischen Wolken ein Regenbogen mit einem Streif Widerschein rund herum entsteht, der an dem einen End in einen lustigen Wald steigt, in welchem das Wetter vorüber gegangen: Wovon linker Seite des Gemäldes noch ein Trüppel Bäume auf einer moosigten Anhöhe zu sehen ist, hinter welcher dazwischendurch krumm herum ein klarer Fluß hervor sich wässert, woran ein Hirt, der, wie der Himmel wieder heiter wird, seine Rinder hervorgetrieben, die herum stehen, und hineingehen, und darin auf ihre Furcht trinken und sich abspiegeln; und an dessen Ufern an der Krümme weiter her in Schilf und Rohr und Beergesträuch Enten den Regen von den Flügeln schütteln, und flattern, und schreien, und sich gütlich tun. Dann kommen ein Paar Dirnen, die den Leuten Essen aufs Feld gebracht, mit leeren Töpfen, und in deren Mitte ein junger Pursch mit einer Heugabel, der liebkosend der Schönen linker Hand etwas gesagt hat, worüber sie lächelnd stilleschweigen und wo anders hinsehen muß; und seitwärts her ein Fuhrmann mit einem Heuwagen, der auf dem einen seiner zween Gäule wohlgemut dasitzt, und das verliebte Pärchen als ein Schalk betrachtet. Darneben eine in voller Frucht stehende Saat. Weiter jenseits Heuhaufen um einen vielschössigen schlanken Erlenstamm, wovon zwei Mädchen und ein junger Kerl auf einen Wagen laden. Und endlich hinan die herrlichste Ebene voll Buschwerk, Gartenfeld, und Dorfschaften in die blaue Ferne, welche nach und nach noch im Regennebel sich verliert.

Die wiederkommende Helle, die Frische, der aufsteigende Duft über Gras und Blatt, das Naß auf den herabsinkenden Zweigen, der Segen des Herrn in Saat und Feld, der stärkende Geist der aufgetanen Fruchtbarkeit, spricht und lebt einen an, der des Gemalten nicht unkundig ist, wie aus wirklicher Natur.

Außer diesem herzlichen Gefühl im Ganzen, das alles so warm in sich hegt, und womit vielleicht nur wenig Claudiusse, Salvator Rosas, Poußins und Teniers, wenige von meinen himmlischen Freuden zu vergleichen sind, ist diese Landschaft noch ein Meisterstück von Pinsel, ob er gleich schwerlich länger als einen Tag daran gearbeitet hat, und die Farbe so leicht und dünn aufgetragen ist, wie Buchstabe. Jeder Maler, der sich etwas einbildet, mag da stille stehen, und die Zauberei betrachten, ohne sich von dem unausgemalten Regenbogen stören zu lassen, mit dessen Farben Rubens keine Schülerspielerei zu treiben hatte. Die Bäume sind keine von Bott, das Laub nicht Blatt von Blatt aufgefasert, aber doch so erkennbar in Stamm und Zug und Laub und Bewegung, so lebendig und ungemacht in ihrer Grüne, als die seinigen nur immer sein können. Die Saat reift allmählich heran, und steht in dichten Halmen vom Regen geschwängert; und wenn mans am Holze sieht, ists weiter nichts als grüner und gelber Strich; weswegen nun freilich auch die EingeVanderWerftierten sie mit scheelem Aug mögen ansehn. Perspectiv gehört darin unter das fürtrefflichste, was man in dieser Art sehen kann. Kurz, es ist eine Gegend, so voll frischer Wärme und Fruchtbarkeit, daß jeder Reisende seinen Postillion da Halt zu machen befehlen müßte; denn so was lebt man wenige Tage seines Lebens;

und eigentlich das, was ich lediglich von der Malerei verlange, *Genuß* und *Täuschung*.

Rubens mit seiner ersten Frau, in Lebensgröße, in einem Garten

Er   ist
einer der wahrhaftig schönsten Männer, die man sehen kann. Sitzt,
wie gelehnt, im Jugendstolze der ersten Mannheit, an einem schat-
tenreichen Geländer von blühendem Geißblatt auf einer Bank; hat
die linke Hand mit dem Daumen am Bügel seines gestutzten mit
Brillanten besetzten Degens, und die rechte auf dem linken überge-

schlagenen dicken Beine liegen, auf welche sein durch Ihn durch und durch frohes und freundliches und sittsames neben und unter ihm sitzendes schönes Weibchen die ihrige zarte mit der Fläche sanft auflegt.

Seine übervermögende Seele blickt unter dem freien Hut und unter der mutvollen sich an den kühnen Branen wölbenden Stirn, aus den lichtbraunen Feueraugen die Eigenliebe jedes Sterblichen darnieder, und fängt ihm seine Art und Eigenheit. Die Nase steigt, wie reine Stärke, gerad durchs Gesicht; seine Wangen sind von gesunder Röte durchzogen; und in den Lippen sitzt, zwischen dem jungen Eichstamm von Bart, Adlerliebe zum Auflug, wanns ihr gelüstet; so wie auf denen seines Weibchens die süße Huld und Traulichkeit. Sein Herz in der Brust scheint früh auf von einem Chiron mit Löwenmark genährt zu sein. Aus seinem ganzen Wesen strahlt sichfühlende Stärke, und man sieht an ihm augenscheinlich, daß er mehr ist als alles, was er gemacht hat, mehr als sein Gott der Vater, und Gott der Sohn, und Gott der heilige Geist, und seine Heiligen, Engel und Helden.

So sagt die Schrift, daß die Verklärten dereinst werden Gott schauen. O der unaussprechlichen Wonne, wenn unser Herz auf einmal ein Abgrund voll Entzücken von aller Welten Lebensquellen würde, die in einem Moment wie ungeheure Tiefen sich dahinein stürzten! Schwerer grenzenloser Gedank', ich erlieg unter dir. Welcher Sterbliche, welches Phänomen vermag ihn zu ertragen!

Rubens erscheint hier als ein großer Mensch, voll Leben und Verstand, voll Saft und Kraft, und frei von schwacher, vielleicht auch zarter Empfindung. Alles an ihm ungewöhnlicher Geist in seltner Mannheit und Wohlbehagen seines Zustandes, und doch geheimer Gedanke der Vergänglichkeit aller Lust der Jugend. Sie freut sich seiner Liebe, und seines Ruhms, und ist ganz in ihm, lebt bloß von seiner Seele. Ein liebliches Bild geistiger ehelicher Zärtlichkeit für den, ders fühlen kann, von Bescheidenheit und wahrer Grazie; welche letztere doch mehr im Zug als in Form zu sehen ist. Er sitzt da wie die Natur in frischer Fruchtbarkeit, und Sie wie eine Rose in der Morgensonne der Liebe. Beide sind ritterlich gekleidet, und Sie in Schmuck und Pracht, aber doch in leichten Faltenwürfen, und der

Spanische Strohhut mit dem schönen Schlagschatten rechts der Stirn hin sitzt ihr lüftiger, als unsern Damen ihre Federn.

Das Kolorit ist so wahr, wie das Leben, besonders das Fleisch. Mit einem Wort: es gehört unter die Stücke, die er mit Lust gemacht hat.

Für diesmal genug, bester Freund. Ich bin des Beschreibens müde, wie Sie ohne Zweifel des Lesens. Ein andermal von Rubensens Art und Weise zu malen überhaupt, wovon ich noch nichts habe erwähnen können, da ich Ihnen bei dieser heißen Witterung von keinem seiner großen Gemälde etwas habe sagen mögen. Wir haben, außer den beschriebenen, noch vierzig Stücke unter seinem Namen; worunter nur ohngefähr dreißig echt, die meisten davon aber doch zuverlässig von ihm selbst ganz ausgemalt sind. Man könnt ihn am sichersten erkennen aus seinem wirklichen Tage, da seine Schüler und Kopisten meist einen geträumten haben, wo man gleichsam nur sich sehen läßt; wenn man ihn an seinem leichten, freien, ungeleckten, entschiedenen, auf den rechten Standpunkt gewiß würkenden Pinselstriche nicht zu erkennen wüßte.

Heinse.

Über tredition

Eigenes Buch veröffentlichen

tredition wurde 2006 in Hamburg gegründet und hat seither mehrere tausend Buchtitel veröffentlicht. Autoren veröffentlichen in wenigen leichten Schritten gedruckte Bücher, e-Books und audio-Books. tredition hat das Ziel, die beste und fairste Veröffentlichungsmöglichkeit für Autoren zu bieten.

tredition wurde mit der Erkenntnis gegründet, dass nur etwa jedes 200. bei Verlagen eingereichte Manuskript veröffentlicht wird. Dabei hat jedes Buch seinen Markt, also seine Leser. tredition sorgt dafür, dass für jedes Buch die Leserschaft auch erreicht wird.

Im einzigartigen Literatur-Netzwerk von tredition bieten zahlreiche Literatur-Partner (das sind Lektoren, Übersetzer, Hörbuchsprecher und Illustratoren) ihre Dienstleistung an, um Manuskripte zu verbessern oder die Vielfalt zu erhöhen. Autoren vereinbaren direkt mit den Literatur-Partnern die Konditionen ihrer Zusammenarbeit und partizipieren gemeinsam am Erfolg des Buches.

Das gesamte Verlagsprogramm von tredition ist bei allen stationären Buchhandlungen und Online-Buchhändlern wie z. B. Amazon erhältlich. e-Books stehen bei den führenden Online-Portalen (z. B. iBookstore von Apple oder Kindle von Amazon) zum Verkauf.

Einfach leicht ein Buch veröffentlichen: **www.tredition.de**

Eigene Buchreihe oder eigenen Verlag gründen

Seit 2009 bietet tredition sein Verlagskonzept auch als sogenanntes "White-Label" an. Das bedeutet, dass andere Unternehmen, Institutionen und Personen risikofrei und unkompliziert selbst zum Herausgeber von Büchern und Buchreihen unter eigener Marke werden können. tredition übernimmt dabei das komplette Herstellungs- und Distributionsrisiko.

Zahlreiche Zeitschriften-, Zeitungs- und Buchverlage, Universitäten, Forschungseinrichtungen u.v.m. nutzen diese Dienstleistung von tredition, um unter eigener Marke ohne Risiko Bücher zu verlegen.

Alle Informationen im Internet: **www.tredition.de/fuer-verlage**

tredition wurde mit mehreren Innovationspreisen ausgezeichnet, u. a. mit dem Webfuture Award und dem Innovationspreis der Buch Digitale.

tredition ist Mitglied im Börsenverein des Deutschen Buchhandels.

Dieses Werk elektronisch lesen

Dieses Werk ist Teil der Gutenberg-DE Edition DVD. Diese enthält das komplette Archiv des Projekt Gutenberg-DE. Die DVD ist im Internet erhältlich auf **http://gutenbergshop.abc.de**

FSC
www.fsc.org
MIX
Papier | Fördert
gute Waldnutzung
FSC® C083411

Zeitfracht Medien GmbH
Ferdinand-Jühlke-Straße 7
99095 Erfurt, Deutschland
produktsicherheit@kolibri360.de